Tiramisu Hazineleri Yemek Kitabı

TIRAMISU TARİFLERİNE İLİŞKİN 50 LEZZETLİ BÜKÜM, KAHVALTIDAN TATLIYA

Sevim Keskin

Telif hakkı Materyal ©2023

Her hakkı saklıdır

Bu kitabın hiçbir bölümü, bir incelemede kullanılan kısa alıntılar dışında, yayıncının ve telif hakkı sahibinin uygun yazılı izni olmaksızın hiçbir biçimde veya yöntemle kullanılamaz veya aktarılamaz. Bu kitap, tıbbi, yasal veya diğer profesyonel tavsiyelerin yerine geçemez.

İÇİNDEKİLER

İÇİNDEKİLER	**3**
GİRİİŞ	**7**
KAHVALTI	**8**
1. Tiramisu pankekleri	9
2. Tiramisu Gecelik Yulaf	12
3. Kahvaltı Tiramisu	14
4. Tiramisu Kahvaltılık Güveç	16
5. Tiramisu Krepleri	18
6. Tiramisu Krepleri	20
7. Tiramisu Gofretleri	23
8. Tiramisu Tostu	25
9. Tiramisu Kahvaltı Muffinleri	27
10. Tiramisu Bisküvisi	29
mezeler	**32**
11. Tiramisu Yağ Bombası	33
12. Tiramisu Lokmaları	35
13. Tiramisu Sosu	37
14. Tiramisu Bomboloni	39
15. Tiramisu Protein Barları	43
16. Tiramisu Kurabiye Topları	46
17. Tiramisu Bükülmeleri	48
18. Tiramisu Çörekleri	50
19. Tiramisu İkramları	54
ANA DİL	**56**
20. Tiramisu Tavuğu	57
21. Tiramisu Salatası	59

22. Tiramisu Risotto — 6

TATLI — 6:

23. Mascarpone peyniri Tiramisu — 6
24. Vegan Tiramisu — 6
25. Rum Tiramisu — 6
26. Mini Tiramisu Önemsiz Şeyleri — 7
27. Tiramisu Dondurması — 7
28. 2 Tiramisu Tartları — 7
29. Beyaz Çikolatalı Tiramisu Puding Kapları — 7
30. Limon Tiramisu — 81
31. Kabak Baharatlı Tiramisu Turtası — 84
32. Tiramisu Whoopie Pies — 86
33. Tiramisu Cheesecake — 89
34. Mangomisu — 92
35. Matcha Tiramisu — 95
36. Çikolatalı ve karamelli mus tiramisu — 98
37. Tiramisu kremalı tencere — 101
38. Tiramisu Kapkekleri — 104
39. Mini Tiramisu Bardakları — 107
40. Tiramisu Kremalı Puflar — 109
41. Tatlı Patates Turtası Tiramisu — 112
42. Bir Bardak Klasik Tiramisu — 115
43. Tiramisu Pastası — 117
44. Hamur işleri ve şekerlemelerdeki dolgular için Tiramisu Mousse — 120
45. Churomisu — 122
46. Kırmızı dutlu Tiramisu — 124
47. Laktozsuz Tiramisu Turtası — 126
48. Laktozsuz Tiramisu Brownie — 128
49. Lime Tiramisu — 130

50. Matcha çayı, elma ve misket limonu ile Tiramisu	133
51. Tiramisu Whoopie Pies	136
52. Oreo Tiramisu	139
53. Amaretto tiramisu	141
54. Berry tiramisu	143
55. Restoran Tiramisu'dan Daha İyi	145
56. Vişneli tiramisu	147
57. Delaurenti'nin tiramisu	149
58. Kolay muzlu tiramisu	151
59. Emeril'in meyveli tiramisu	153
60. Dondurulmuş fındık-mandalina tiramisu	155
61. Dondurulmuş tiramisu sundae	158
62. Orman meyveleri tiramisu	160
63. Godiva tiramisu	162
64. Dondurulmuş tiramisu	164
65. Mocha mambo tiramisu keki	166
66. Le latini'nin tiramisu	168
67. Limonlu tiramisu	170
68. Az yağlı tiramisu	172
69. Bay Gıda'nın tiramisu turtası	174
70. Şeftali brendi tiramisu	176
71. Portakal kokulu tiramisu	178
72. Zeytin bahçesi tiramisu	180
73. Al beni (tiramisu)	182
74. Hızlı kahlua tiramisu	184
75. Ahududu ve kahve tiramisu	186
76. Beyaz çikolatalı tiramisu	189
77. Böğürtlenli beyaz çikolatalı tiramisu	191
78. Kahlua ve Grand Marnier tiramisu	194

79. Noel tiramisu	196
80. Ailenin en sevdiği tiramisu	199
81. Hong Kong'un tiramisu	201
82. Sostanza'nın tiramisu	204
83. Yumurtasız Tiramisu	206
84. Marsala Tiramisu	208
85. Tiramisu tacı	210
86. Tiramisu tane	212
87. Tiramisu semifreddo	214
88. Cin misu	217
89. Nutellalı tiramisu	219
90. Mango ve macadamia tiramisu	221
91. Tiramisu dondurması	223

İÇECEKLER 226

92. Tiramisu Marshmallow Shake	227
93. Hindistan Cevizli Tiramisu Shake	229
94. Tiramisu Martini	231
95. Buzlu Tiramisu Latte	233
96. Tiramisu Rom Kokteyli	235
97. Cookie Crumble ile Tiramisu Smoothie	237
98. Tiramisu Muzlu Smoothie	239
99. Sıcak Tiramisu İçeceği	241
100. Tiramisu Kreması	243

ÇÖZÜM 245

GİRİŞ

Tiramisu'yu seviyorsanız, bu yemek kitabı mutfağınızın olmazsa olmazı! Tiramisu Hazineleri Yemek Kitabımız, damağınızı tatlı bir yolculuğa çıkaracak 100 karşı konulmaz Tiramisu tarifi ile doludur. Klasik Tiramisu'dan benzersiz ve yaratıcı varyasyonlara kadar her şey bu yemek kitabında var.

Her tarif, tam renkli fotoğraflarla güzel bir şekilde sunularak, bitmiş ürünün ne kadar lezzetli görüneceğini görmeyi kolaylaştırır. Bu popüler İtalyan tatlısının ustası olabilmeniz için mükemmel Tiramisu'yu yaratmanız için ipuçları ve püf noktaları da ekledik.

İster bir akşam yemeği partisi düzenliyor olun, ister özel bir günü kutluyor olun, ya da sadece kendinize tatlı bir müsamaha ısmarlamak isteyin, Tiramisu Hazineleri Yemek Kitabımızda herkes için bir şeyler var. Klasikten moderne uzanan tariflerle, bu yemek kitabında yeni favori Tiramisu tarifinizi bulacağınızdan emin olabilirsiniz!

KAHVALTI

1. Tiramisu krepleri

Yapar: 2 porsiyon

İÇİNDEKİLER:
- 1¾ bardak eski moda yulaf ezmesi
- 1½ yemek kaşığı şekersiz vanilyalı Jell-O puding karışımı
- 2 çay kaşığı hazır espresso
- 1½ çay kaşığı kakao tozu
- 1½ çay kaşığı kabartma tozu
- 1 çay kaşığı kabartma tozu
- ½ çay kaşığı tarçın
- ¼ çay kaşığı tuz
- 2 yemek kaşığı hindistancevizi yağı, eritilmiş
- 1 yemek kaşığı akçaağaç şurubu
- 1 büyük yumurta
- 1 çay kaşığı vanilya özü
- 1 su bardağı %2 az yağlı süt
- Servis için krem şanti
- Servis için çikolata parçaları

TALİMATLAR:

a) Krem şanti ve çikolata talaşı hariç tüm malzemeleri bir karıştırıcıya ekleyin.

b) Eritilmiş hindistancevizi yağı, daha soğuk malzemelerle birleştirildiğinde sertleşebilir, bu nedenle, isterseniz bunun olmasını önlemek için sütü hafifçe ısıtabilirsiniz.

c) Pürüzsüz bir sıvı elde edene kadar her şeyi blenderdan geçirin.

d) Pankek karışımını geniş bir kaseye dökün.

e) Hamuru 2 ila 3 dakika dinlendirin. Bu, tüm bileşenlerin bir araya gelmesini sağlar ve hamura daha iyi bir kıvam verir.

f) Yapışmaz bir tavaya veya ızgaraya cömertçe bitkisel yağ püskürtün ve orta ateşte ısıtın.

g) Tava ısındığında, ¼ fincanlık bir ölçüm kabı kullanarak hamuru ekleyin ve gözleme yapmak için hamuru tavaya dökün. Gözlemeyi şekillendirmeye yardımcı olması için ölçüm kabını kullanın.

h) Kenarları sabit görünene ve ortasında baloncuklar oluşana kadar pişirin, ardından gözlemeyi çevirin.

i) Pankek bu tarafı pişince ocaktan alıp bir tabağa alın.

j) Hamurun geri kalanıyla bu adımlara devam edin.

k) Krem şanti ve çikolata talaşı ile süsleyin.

2. Tiramisu Gecelik Yulaf

Yapar: 2 porsiyon

İÇİNDEKİLER:
- 1 su bardağı eski moda yulaf ezmesi
- 1 yemek kaşığı Chia Tohumu
- 3 yemek kaşığı Şekersiz Kakao Tozu
- 2-3 yemek kaşığı Akçaağaç Şurubu - vanilya stevia
- ¾ bardak Badem Sütü
- ½ fincan Demlenmiş Kahve
- 1 çay kaşığı Vanilya Özü

KATMANLAR
- 1 bardak Tercih Edilen Yoğurt - hindistancevizi yoğurdu veya soya yoğurdu kullandık
- 2 yemek kaşığı Vanilya Protein Tozu
- 1 yemek kaşığı Akçaağaç Şurubu
- 1 çay kaşığı Şekersiz Kakao Tozu - üstüne serpmek için

TALİMATLAR:
a) Bir karıştırma kabına eski usul yulaf ezmesi, chia tohumu, kakao tozu, tatlandırıcı, badem sütü ve kahveyi ekleyin.
b) 1-2 dakika veya tamamen karışana kadar çırpın. Malzemeleri cam bir mason kavanoza da koyabilir, kuvvetlice çalkalayabilir ve tutarlı bir çikolata karışımı oluşturabilirsiniz. Kalın olmayacak ve bu normal.
c) Karışımı tadın ve tatlandırıcıyı ayarlayın, şimdi veya daha sonra bir tepe olarak ekleyin.
d) Kâseyi bir kapakla kapatın veya kavanozu kapatın ve gece boyunca buzdolabına koyun.
e) Ertesi gün yoğurt, protein tozu ve akçaağaç şurubunu karıştırarak yoğurtlu vanilyalı kremayı hazırlayın. Çok kalınsa, daha fazla yoğurt veya biraz badem sütü ekleyin.
f) Gecelik yulafları uzun bir cam mason kavanozda katmanlar halinde servis edin. Alternatif olarak bir gecede yulaf ve yoğurt tabakası, daha sonra üstüne yoğurtla bitirin.
g) Son olarak üzerine şekersiz kakao tozu serpin ve afiyetle yiyin.

3. Kahvaltı Tiramisu

Yapar: 2

İÇİNDEKİLER:
- ¾ fincan ricotta, tam yağlı süt veya yağsız
- 1 yemek kaşığı toz beyaz şeker
- ¼ çay kaşığı saf vanilya özü
- 8 adet çıtır kedi dili
- ¾ fincan espresso veya sert demlenmiş siyah kahve
- ¼ su bardağı kıyılmış yarı tatlı çikolata
- taze orman meyveleri

TALİMATLAR:
a) Küçük bir kapta ricotta'yı şeker ve vanilya özü ile çırpın. Gerekirse tadın ve daha fazla şeker ve/veya vanilya ekleyin.
b) Espressoyu geniş, sığ bir kaseye koyun.
c) Her kaseye yaklaşık 2 yemek kaşığı ricotta karışımı koyun. Biraz çikolata ve birkaç çilek serpin. Kedi parmaklarını kahveye batırın ve her kaseye 2 kedi parmağı koyun. Katmanları tekrarlayın: peynir, çikolata, çilek ve kedi dili.
d) Her kaseyi plastik ambalajla örtün ve katmanların karışmasını sağlamak için en az dört ila altı saat buzdolabına koyun. Soğuk servis yapın.

4. Tiramisu Kahvaltılık Güveç

Yapar: 2

İÇİNDEKİLER:
- 2 büyük yumurta
- 2 yemek kaşığı ağır krema
- ½ fincan demlenmiş kahve
- 1 çay kaşığı vanilya özü
- 2 yemek kaşığı açık kahverengi şeker
- 1 çay kaşığı öğütülmüş tarçın
- 4 bardak kuşbaşı günlük İtalyan ekmeği
- pişirme spreyi
- kakao tozu veya şekerleme şekeri

TALİMATLAR:
a) 1 litrelik fırında güvenli bir pişirme kabına pişirme spreyi sıkın.
b) Büyük bir kapta yumurtaları, kahveyi ve vanilya özünü ekleyin ve pürüzsüz olana kadar çırpın; ardından şeker ve tarçını ekleyip iyice karıştırın.
c) İtalyan ekmeğini ısırık büyüklüğünde küpler halinde kesin; sonra yumurtalı karışıma ekleyin. Ekmek kaplanana kadar bir kaşıkla karıştırın, fırın tepsisine koyun; sonra sıkıca sarın ve bir gece buzdolabında bekletin.
d) Pişirmeye hazır olduğunuzda, fırını 350 derece F'ye ısıtırken güveci yaklaşık 15 dakika oda sıcaklığına getirin.
e) Yumurta tamamen pişene kadar yaklaşık 20 dakika pişirin; daha sonra fırından çıkarın, üzerini dilediğiniz gibi süsleyin ve ılık akçaağaç şurubu ile sıcak servis yapın.

5. Tiramisu Krepleri

Yapar: 10 porsiyon

İÇİNDEKİLER:
- 4 büyük yumurta
- ¾ su bardağı %2 süt
- ¼ fincan kulüp sodası
- 3 yemek kaşığı tereyağı, eritilmiş
- 2 yemek kaşığı güçlü demlenmiş kahve
- 1 çay kaşığı vanilya özü
- 1 fincan çok amaçlı un
- 3 yemek kaşığı şeker
- 2 yemek kaşığı pişirme kakao
- ¼ çay kaşığı tuz

DOLGU:
- 8 ons mascarpone peyniri
- 8 ons krem peynir, yumuşatılmış
- 1 su bardağı şeker
- ¼ fincan kahve likörü veya sert demlenmiş kahve
- 2 çay kaşığı vanilya özü
- İsteğe bağlı: Çikolata şurubu ve çırpılmış krema

TALİMATLAR:
a) Büyük bir kapta yumurta, süt, soda, tereyağı, kahve ve vanilyayı çırpın. Başka bir kapta un, şeker, kakao ve tuzu karıştırın; yumurta karışımına ekleyin ve iyice karıştırın. Buzdolabında, üstü kapalı, 1 saat.

b) Hafifçe yağlanmış 8-in ısıtın. orta ateşte yapışmaz tava. Hamuru karıştırın. ¼ fincan ölçüsünü yarıya kadar hamurla doldurun; tencerenin ortasına dökün. Tabanı eşit şekilde kaplamak için tavayı hızla kaldırın ve eğin.

c) Üst kısmı kuru görünene kadar pişirin; krepi çevirin ve altı pişene kadar 15-20 saniye daha pişirin. Bir tel rafa çıkarın. Kalan hamurla tekrarlayın, tavayı gerektiği gibi yağlayın. Soğuyunca krepleri mumlu kağıt veya kağıt havluların arasına koyun.

d) Doldurmak için, büyük bir kapta peynir ve şekeri kabarana kadar çırpın. Likör ve vanilyayı ekleyin; pürüzsüz olana kadar çırpın. Her krepin ortasına yaklaşık 2 yemek kaşığı doldurun; topla. İstenirse, çikolata şurubu ve çırpılmış krema ile süsleyin.

6. Tiramisu Krepleri

Yapılışı: 12 adet pankek

İÇİNDEKİLER:
- 2 fincan çok amaçlı un
- 2½ çay kaşığı kabartma tozu
- ½ çay kaşığı kabartma tozu
- 3 yemek kaşığı şeker
- 1½ su bardağı ayran
- ½ fincan sert kahve
- 2 çay kaşığı kahve özü
- 2 çay kaşığı + ½ çay kaşığı vanilya özü, bölünmüş
- 2 yumurta
- 3 yemek kaşığı tuzsuz tereyağı, eritilmiş
- ½ su bardağı ince kıyılmış bitter çikolata, bölünmüş
- 8 ons yumuşatılmış mascarpone peyniri
- 2 yemek kaşığı pudra şekeri
- Süslemek için kakao tozu
- Çiselemek için akçaağaç şurubu

TALİMATLAR:

a) Fırını 250 dereceye ısıtın.
b) Un, kabartma tozu, kabartma tozu ve şekeri büyük bir kapta çırpın.
c) Ayranı büyük bir ölçüm kabında ölçün, kahve, kahve özü, 2 çay kaşığı vanilya ve yumurta ekleyin. Kombine olana kadar çırpın. Eritilmiş tereyağı ve ¼ bardak doğranmış çikolata ile birlikte un karışımına ekleyin. Sadece birleştirilene kadar çırpın. Hamuru beş dakika bekletin.
d) Küçük bir kaseye mascarpone, pudra şekeri ve kalan vanilyayı ekleyin. Kombine olana kadar çırpın.
e) Yapışmaz bir tava veya ızgara tavasını orta ateşte ısıtın. Tavaya ¼ fincan hamur dökün. Izgaraya sığacak kadar dökün. Kenarları altın sarısı bir renk alana ve hamurun üzerinde kabarcıklar oluşana kadar pişirin, ters çevirin ve 1-2 dakika daha pişirin. Pişen pankekleri fırın tepsisine alın ve fırında sıcak tutun.
f) Bütün pankekler piştikten sonra her bir tabağa üçer tane koyun. Mascarpone'un ¼'ü ile doldurun.
g) Doğranmış çikolata serpin ve kakao tozu ile toz haline getirin. Akçaağaç şurubu ile servis yapın.

7. tiramisu waffle

Yapar: 12

İÇİNDEKİLER:
- 8 ons krem peynir, yumuşatılmış
- ½ bardak) şeker
- ½ su bardağı çikolata aromalı şurup
- 8 ons dondurulmuş çırpılmış tepesi, çözülmüş
- 1 ½ bardak Bisquick karışımı
- 1 su bardağı şeker
- ⅓ fincan kabartma kakao
- ¾ bardak su
- 2 yemek kaşığı bitkisel yağ
- 2 yumurta
- 1 fincan sıcak kahve
- İstenirse ilave pişirme kakaosu

TALİMATLAR:
a) Tiramisu Topping'i yapmak için krem peynir, ½ su bardağı şeker ve çikolata şurubunu büyük bir kapta elektrikli bir karıştırıcı ile orta hızda pürüzsüz olana kadar çırpın. Karıştırılana kadar çırpılmış tepede hafifçe karıştırın. Waffle yaparken soğutun.
b) Waffle demirini ısıtın; gerekirse gresleyin.
c) Kahve ve ilave kakao hariç kalan malzemeleri karışana kadar karıştırın. Hamuru 1 fincandan biraz daha az miktarda sıcak waffle demirinin ortasına dökün.
d) Yaklaşık 5 dakika veya buharlama durana kadar pişirin. Waffle'ı dikkatlice çıkarın. Wafflelerin üzerine kahve gezdirin.
e) Tiramisu Topping'i waffle'ların üzerine kaşıkla koyun; kakao serpin.

8. tiramisu tostu

Yapar: 2

İÇİNDEKİLER:
TOST İÇİN:
- 1 büyük yumurta
- 1 yemek kaşığı beyaz şeker
- 2 yemek kaşığı güçlü demlenmiş espresso
- ¼ çay kaşığı vanilya özü
- 2 dilim günlük İtalyan ekmeği

MASCARPONE TÜRÜ İÇİN:
- 3 yemek kaşığı kuru Marsala şarabı
- 1 yemek kaşığı beyaz şeker
- ½ su bardağı mascarpone peyniri
- 1 küçük tutam tuz

TALİMATLAR:
a) Fırını 375 derece F'ye ısıtın.
b) Bir fırın tepsisini alüminyum folyo ile kaplayın.
c) Bir fırın tepsisine bir yumurta kırın. Beyaz şeker, espresso ve vanilya özü ekleyin. Birleştirmek için çırpın. Ekmek dilimlerini tabağa koyun ve doyurmak için karışıma atın; tamamen emilmesi için 10 ila 15 dakika bekletin.
d) Ekmek dilimlerini hazırlanan tavaya aktarın ve üzerinde biriken kahve karışımı sıvısını gezdirin.
e) Önceden ısıtılmış fırının ortasında, muhallebi pişene ve dokunduğunuzda ekmek hafifçe geri dönene kadar 20 ila 25 dakika tostu pişirin. Oda sıcaklığına soğuması için dilimleri bir tel rafa aktarın.
f) Bu sırada şarabı bir tencereye dökün. Şeker ekleyin ve yaklaşık 1 çorba kaşığına düşene kadar orta ateşte pişirin. Ateşten alın ve soğumaya bırakın.
g) Mascarpone peynirini bir kaseye koyun ve soğutulmuş şarap redüksiyonu ve çok küçük bir tutam tuz ekleyin. Birleşene kadar bir spatula ile karıştırın. Soğutulmuş tostun üzerine sıkmadan veya yaymadan önce soğutun. Üzerini rendelenmiş çikolata ile süsleyin.

9. Tiramisu Kahvaltı Muffinleri

Yapar: 24 kek

İÇİNDEKİLER:
ÇÖREK, KEK
- 2 fincan çok amaçlı un
- 2 yemek kaşığı toz kakao
- 1 yemek kaşığı kabartma tozu
- 3 yemek kaşığı espresso tozu
- 10 yemek kaşığı tuzsuz tereyağı, yumuşatılmış
- 1 su bardağı Ekstra İnce Toz Şeker
- 2 yumurta
- ½ su bardağı mascarpone
- ½ fincan sade Yunan yoğurdu
- 1 su bardağı süt

SÜSLEME
- 2 yemek kaşığı toz kakao

TALİMATLAR:
a) Fırını 375 ° F'ye ısıtın. Bir çörek kalıbını kağıt astarlarla kaplayın ve bir kenara koyun.
b) Büyük bir kapta un, kakao, kabartma tozu ve espresso tozunu çırpın.
c) Bir mikser kasesinde, tereyağı ve şekeri hafif ve kabarık olana kadar çırpın. Kasenin kenarlarını gerektiği gibi kazıyın.
d) Yumurtaları birer birer ekleyin, her eklemeden sonra iyice çırpın.
e) Tamamen birleşene kadar mascarpone ve Yunan yoğurdu çırpın. Alternatif un karışımı ve süt ve iyice karıştırın.
f) Muffin kalıplarını ¾ oranında doldurun ve 25-30 dakika veya ortasına batırdığınız kürdan temiz çıkana kadar pişirin.
g) Üzerine kakao tozu serpin.

10. tiramisu bisküvi

Yapar: 24 kurabiye

İÇİNDEKİLER:
- 6 yemek kaşığı tuzsuz tereyağı, yumuşatılmış
- 1 su bardağı toz şeker
- 2 büyük yumurta
- ½ çay kaşığı vanilya
- 2 yemek kaşığı tatlı marsala şarabı
- 2 fincan çok amaçlı un
- ½ fincan şekersiz kakao tozu
- 1 çay kaşığı kabartma tozu
- 1 çay kaşığı tuz
- ¾ su bardağı yarı tatlı çikolata parçaları
- ¾ fincan beyaz çikolata parçaları
- 1 ons shot espresso veya güçlü demlenmiş kahve

TALİMATLAR:
a) Fırını 350 dereceye ısıtın ve iki yapraklı tavayı parşömen kağıdı ile sıralayın.
b) Bir stand mikserin kasesinde, tereyağı ve şekeri birlikte krema haline getirin. Kaseyi kazıyın.
c) Yumurtaları birer birer ekleyin, her ekleme arasında çırpın ve kazıyın.
d) Vanilya ve marsala şarabını çırpın.
e) Ayrı bir kapta un, kakao tozu, kabartma tozu ve tuzu karıştırın. Stand mikserindeki karışıma ekleyin ve sadece birleşene kadar düşük hızda karıştırın. Cipsleri karıştırın. Hamur çok sert olmalıdır.
f) Hamuru iki fırın tepsisi arasında ikiye bölün. Ellerinizi ıslatın ve hamurun her bir yarısını yaklaşık 9,5 inç uzunluğunda, 2 inç genişliğinde ve ¾ inç yüksekliğinde bir kütük haline getirin.
g) Yaklaşık 30 ila 35 dakika pişirin, tavaları 180 derece döndürün ve eşit pişirme sağlamak için tavaları yarıda yukarıdan aşağıya değiştirin.
h) Tavaları fırından çıkarın ve 5 ila 10 dakika soğumaya bırakın. Fırın sıcaklığını 325'e düşürün.

i) Her kütüğü dikkatlice bir kesme tahtasına aktarın.
j) Bir hamur fırçası kullanarak her kütüğü kahve ile fırçalayın. Her kütüğü çapraz olarak ¾ inçlik şeritler halinde kesmek için tırtıklı bir bıçak kullanın. Düz yukarı ve aşağı kestiğinizden emin olun.
k) Kesilmiş bisküviyi tekrar parşömenle kaplı fırın tepsisine dik olarak yerleştirin.
l) Biscotti kuruyana kadar 30 dakika daha pişirin.
m) Tamamen bir tel raf üzerinde soğutun, ardından saklama için hava geçirmez bir kaba aktarın.

mezeler

11. Tiramisu Yağ Bombası

Yapar: 14

İÇİNDEKİLER:
- 10 ons mascarpone peyniri, yumuşatılmış
- 1 çay kaşığı rom özü, şekersiz
- 4 ons Swerve tatlandırıcı, şekerleme
- 1 çay kaşığı hazır kahve

KAPLAMA İÇİN:
- ½ ons bitter çikolata, şekersiz
- 2 yemek kaşığı kakao yağı

TALİMATLAR:

a) Tezgaha bir silikon kek veya şeker kalıbı koyun ve bir kenara koyun. Mascarpone, rom özü, Swerve ve hazır kahveyi bir mutfak robotunda veya mikserde pürüzsüz olana kadar 5 dakika çırpın.

b) Her bardağa çırpılmış karışımdan yaklaşık 2 çay kaşığı alarak ve 2 saat boyunca dondurarak ayrı kaplar hazırlayın.

c) Bu arada kakao yağı ve bitter çikolatayı bir sos tenceresinde kısık ateşte hiç topak kalmayana kadar eritin.

d) Kalıbı ocaktan aldıktan sonra yaklaşık 10 dakika buzluktan çıkarıyoruz. Kalıbı tezgaha koyduktan hemen sonra, pişirme hattını iki tabak üzerine yayın. Yağ bombasının tepesinden bir kürdan geçirin ve biraz ılık erimiş çikolataya batırın. Üzerine sosu gezdirdikten sonra servis tabağına alın.

e) Yağ bombalarının, 15 dakikalık dönüşümlü bir programla dondurucuya yerleştirilmeden önce her seferinde yaklaşık 3 ila 4 dakika suya batırılması gerekecektir.

f) Onları hemen bir kez yiyebilir veya iyi kapatılmış bir kapta 3 aya kadar dondurucuda saklayabilirsiniz.

12. Tiramisu Lokmaları

Yapar: 4 Porsiyon

İÇİNDEKİLER:
- 12 dilim kek
- ¼ bardak su
- 1 ½ çay kaşığı hazır kahve granülleri
- 1 ½ çay kaşığı rom özü
- 8 ons mascarpone peyniri
- ¼ fincan pudra şekeri
- ½ su bardağı krem şanti
- ½ ons yarı tatlı çikolata
- İstenirse 24 espresso kahve çekirdeği

TALİMATLAR:
a) Petit four kağıt bardaklarla birlikte 24 mini muffin kabı hazırlayın.
b) Her kek diliminden 2 tur kesin. Her bir bardağın altına 1 kek yuvarlak yerleştirin.
c) Küçük bir kapta su, kahve granülleri ve ½ çay kaşığı rom özünü karıştırın. Kahve karışımından yaklaşık ½ çay kaşığı muffin kaplarındaki kekin üzerine gezdirin. Kenara koyun.
d) Orta boy bir kapta peynir, pudra şekeri ve kalan 1 çay kaşığı rom özünü elektrikli bir karıştırıcı ile orta hızda kremsi olana kadar çırpın. Başka bir orta boy kapta, yumuşak zirveler oluşana kadar çırpılmış kremayı yüksek hızda çırpın. Düşük hızda, peynir karışımını çırpılmış krema haline getirin. Pastayı kaplayacak şekilde her bir bardağa yuvarlak bir çorba kaşığı çırpılmış krema karışımı dökün veya sıkın.
e) Her fincanın üzerine yarı tatlı çikolata rendeleyin. Her birini bir kahve çekirdeği ile doldurun. Lezzetlerin karışması için en az 4 saat buzdolabında bekletin. Buzdolabında kapalı olarak saklayın.

13. tiramisu sosu

Yapar: 4 Porsiyon

İÇİNDEKİLER:
- 1 su bardağı ağır çırpılmış krema, soğutulmuş
- 1 yemek kaşığı espresso tozu
- 4 ons krem peynir, yumuşatılmış
- 8 ons mascarpone peyniri
- ½ su bardağı elenmiş pudra şekeri
- 1 çay kaşığı saf vanilya özü
- 2 çay kaşığı şekersiz kakao tozu
- Ladyfingers, vanilyalı gofret veya daldırma için meyve

TALİMATLAR:
a) Krema ve espresso tozunu bir kapta eriyene kadar karıştırın.
b) Bu arada, orta boy bir kapta, krem peyniri pürüzsüz ve kremsi olana kadar bir elektrikli karıştırıcı ile çırpın.
c) Mascarpone peyniri ekleyin ve pürüzsüz olana kadar çırpın. Pudra şekeri ve vanilya özü ekleyin; karışana kadar bir elektrikli karıştırıcı kullanarak düşük hızda çırpın.
d) Ağır krema ve espresso karışımını ekleyin ve hızı yükseğe çıkarın ve yumuşak zirveler oluşana kadar çırpın - fazla çırpmayın.
e) Servis tabağına alın ve üzerine kakao serpin.
f) Ladyfingers, vanilyalı gofret veya meyve ile servis yapın.

14. tiramisu bomboloni

Yapar: yaklaşık 32 bomboloni

İÇİNDEKİLER:
HAMUR İÇİN:
- ¾ bardak tam yağlı süt
- 1 ¼ ons paket aktif kuru maya
- 3 yemek kaşığı toz şeker
- 3 su bardağı çok amaçlı un, artı toz almak için daha fazlası
- 1 çay kaşığı koşer tuzu
- 2 büyük yumurta
- 1 çay kaşığı saf vanilya özü
- 2 yemek kaşığı tuzsuz tereyağı, küçük parçalar halinde, oda sıcaklığında
- Pişirme spreyi
- Bitkisel yağ, kızartmak için

DOLGU İÇİN:
- 1 su bardağı tam yağlı süt
- ⅓ su bardağı toz şeker
- 1 ½ çay kaşığı instant espresso tozu
- ⅛ çay kaşığı koşer tuzu
- 2 büyük yumurta sarısı
- 3 yemek kaşığı mısır nişastası
- 2 yemek kaşığı soğuk tuzsuz tereyağı, küçük parçalar halinde kesilmiş
- 1 çay kaşığı saf vanilya özü
- ½ su bardağı mascarpone peyniri, oda sıcaklığında

GLAZÜR İÇİN:
- 2 su bardağı pudra şekeri
- ¼ fincan sek Marsala şarabı ve gerekirse daha fazlası
- Bir tutam koşer tuzu
- Üzerine serpmek için kakao tozu

TALİMATLAR:

a) Hamuru yapın: Sütü küçük bir tencerede 105 F ila 115 F derece arasında kısık ateşte ısıtın. Küçük bir kaseye aktarın; maya ve toz şekeri karıştırın. Köpürene kadar 7 ila 10 dakika bekletin. Bu arada un ve tuzu bir stand mikserin kasesinde çırpın.

b) Maya karışımını, yumurtaları ve vanilyayı stand mikserine ekleyin. 1 ila 2 dakika boyunca tüylü bir hamur topu oluşana kadar hamur kancalarıyla orta hızda karıştırın. Her seferinde 1 parça tereyağında karıştırın. Karıştırıcı ile hamuru yoğurmaya devam edin, ara sıra lastik bir spatula ile kasenin kenarlarını ve altını sıyırın, pürüzsüz ve elastik olana kadar, yaklaşık 6 dakika. Büyük bir kaseyi pişirme spreyi ile hafifçe kaplayın ve hamuru kaplayacak şekilde çevirerek kaseye aktarın. Plastik sargıyla sıkıca örtün ve yaklaşık 1 saat, iki katına çıkana kadar ılık bir yerde kabarmaya bırakın.

c) Dolgunun hazırlanışı: ¾ bardak süt, toz şeker, espresso tozu ve tuzu küçük bir sos tenceresinde birleştirin ve orta ateşte şeker eriyene ve süt buharlaşana kadar karıştırarak pişirin. Kalan ¼ su bardağı sütü orta boy bir kapta yumurta sarısı ve mısır nişastası ile çırpın. Ilık süt karışımını yavaş yavaş yumurta karışımına çırpın, ardından karışımı tencereye dökün. Yaklaşık 3 dakika çok kalın olana kadar sürekli karıştırarak kaynamaya bırakın. Muhallebiyi ince gözenekli bir elekten geçirerek bir kaseye süzün ve lastik bir spatula ile itin. Pürüzsüz olana kadar tereyağı ve vanilyayı karıştırın. Doğrudan muhallebinin yüzeyine bir parça streç film koyun ve 30 dakika buzdolabında bekletin.

d) Mascarpone'u orta boy bir kaseye koyun. Pürüzsüz olana kadar soğutulmuş muhallebiyi her seferinde bir büyük kaşıkla çırpın. ¼ inçlik yuvarlak uç takılmış bir sıkma torbasına aktarın. Kullanıma hazır olana kadar soğutun.

e) 2 fırın tepsisini hafifçe unlayın. Hamuru hafifçe unlanmış bir yüzeye alın ve ½ inç kalınlığa kadar hafifçe vurun. 1 ½ inçlik bir kesici kullanarak yaklaşık 32 tur kesin; Hazırlanan fırın tepsilerine 1 inç aralıklarla yerleştirin ve üstleri pişirme spreyi ile hafifçe kaplayın. Plastik sargıyla örtün ve yaklaşık 1 saat kabarık olana kadar yükselmeye bırakın.

f) 2 inç bitkisel yağı büyük bir tencerede orta ateşte, derin kızartma termometresi 340 derece F'yi kaydedene kadar ısıtın. gerektiği kadar daha fazla Marsala. Örtün ve bir kenara koyun.
g) Partiler halinde çalışarak, bomboloni'yi 30 saniye kızartın, ardından çevirin ve kızarana kadar yaklaşık 2 dakika daha ara sıra çevirerek kızartmaya devam edin. Boşaltmak için kağıt havlu kaplı bir fırın tepsisine oluklu bir kaşıkla çıkarın. Soğumaya bırakın.
h) Her bomboloni'nin yan tarafına bir yemek çubuğu veya şiş sokun ve küçük bir cep oluşturmak için kıpırdatın. Dolguyu sıkın ve üstlerini kakao tozu ile tozlayın. Sır ile gezdirin.

15. Tiramisu Protein Barları

Yapar: 8 bar

İÇİNDEKİLER:
TEMEL:
- ⅓ su bardağı Yulaf Unu
- 1 yaprak Graham Kraker, Ezilmiş
- ½ kepçe Vanilyalı Protein Tozu
- ½ kepçe Aromasız Protein Tozu
- 2 yemek kaşığı Hindistan Cevizi Unu
- ¼ bardak Şekersiz Badem Sütü

KAHVE KARAMEL:
- 2 yemek kaşığı Fıstık Ezmesi Tozu
- 1 yemek kaşığı + 1 çay kaşığı Kaju Yağı
- 1½ yemek kaşığı Vanilya Protein Tozu
- 1½ yemek kaşığı Aromasız Protein Tozu
- 1½ çay kaşığı hazır kahve
- ¾ yemek kaşığı Akçaağaç Şurubu
- ¾ yemek kaşığı Su
- ⅛ çay kaşığı Vanilya Özü

KREM PEYNİR:
- 6 yemek kaşığı yağsız süzme yoğurt
- 3 ons Yağı Azaltılmış Krem Peynir
- ½ kepçe Vanilyalı Protein Tozu, Whey-Kazein
- 2 yemek kaşığı Hindistan Cevizi Unu
- Üzerine serpmek için Kakao Tozu

TALİMATLAR:
a) Bir fırın tepsisini parşömen kağıdı ile kaplayın; daha sonra kaldırmak için bir çıkıntı bırakın.
b) Fırını 350 ° F'ye ısıtın.

TEMEL:
a) Bir mutfak robotunda yulaf unu, ezilmiş graham kraker, vanilya protein tozu, tatlandırılmamış protein tozu ve hindistancevizi ununu birleştirin.
b) Bir kaseye aktarın, badem sütünü ekleyin ve karıştırın.
c) Karışım, hamur gibi kalın ama biraz yapışkan olmalıdır.
d) Hazırlanan tavaya aktarın ve aşağı doğru bastırın.
e) 10 dakika pişirin, ardından yaklaşık 10 dakika soğumaya bırakın:

KAHVE KARAMEL:
a) Aynı kapta fıstık ezmesi tozu, badem ezmesi, vanilya protein tozu, tatlandırılmamış protein tozu, hazır kahve, akçaağaç şurubu, su ve vanilyayı karıştırın.
b) Taban katmanının üstüne yayın ve pürüzsüzleştirmek için bir kaşığın arkasını kullanın.

PROTEİN KREM PEYNİRİ:
a) Bir kapta yumuşatılmış krem peynir, Yunan yoğurdu, protein tozu ve hindistancevizi ununu birleştirin.
b) Tabanın üzerine yayın.
c) Yaklaşık 5-10 dakika soğuması için dondurucuya aktarın.
d) Üzerine Kakao Tozu serpip 8 dilime ayırın ve servis yapın.

16. Tiramisu Kurabiye Topları

Yapar: 4 Porsiyon

İÇİNDEKİLER:
- 8 ons Krem Peynir yumuşatılmış
- 60 vanilyalı gofret, ince ezilmiş
- 3 yemek kaşığı Viyana Café, bölünmüş
- Her biri 4 onsluk üç Beyaz Çikolata, eritilmiş
- 2 ons Yarı Tatlı Çikolata, eritilmiş

TALİMATLAR:
a) Krem peynir, gofret kırıntıları ve 1 yemek kaşığı kahveyi karışana kadar karıştırın.
b) 36 top haline getirin. 10 dakika dondurun.
c) Beyaz çikolatayı ve kalan kahveyi karıştırın. Kurabiye toplarını beyaz çikolata karışımına batırın; sığ, mumlu kağıt kaplı bir tavada tek bir katman halinde yerleştirin. Yarı tatlı çikolata ile gezdirin.
d) 1 saat veya sertleşene kadar soğutun.

17. Tiramisu Bükümleri

Yapar: 4 Porsiyon

İÇİNDEKİLER:

- 200 gram mascarpone
- 2 yemek kaşığı Kahlua, artı sır için ekstra
- 2 yemek kaşığı pudra şekeri
- 1 yaprak tamamen tereyağlı puf böreği
- 30 gram bitter çikolata, bölünmüş

TALİMATLAR:

a) Küçük bir karıştırma kabında mascarpone'u yumuşayana kadar çırpın. Kahlua'yı ekleyin ve tamamen karıştıktan sonra şekeri ekleyin. Milföy hamurunu kısa kenarı size bakacak şekilde yayın. Tiramisu dolgusunu tabakanın üzerine eşit şekilde yayın.

b) Hamuru 8 uzun dikey şerit halinde kesmek için bir pizza kesici veya keskin bir bıçak kullanın. Dolgunun üzerine 20 gram bitter çikolata rendeleyin. Her seferinde bir torsade ile çalışarak, sizden en uzaktaki ucu tutun ve ikiye, kendi üzerine katlayın. Yapışmaz veya astarlı bir fırın tepsisine aktarın, yatırırken iki kez çevirin. Alt kenarı hafifçe bastırarak kapatın, ardından geri kalanıyla tekrarlayın ve 1 saat soğutun.

c) Fırını 200C / 180C fana kadar önceden ısıtın. Hamur işleri bir saat soğuduktan sonra, üzerlerine hafifçe Kahlua sürün ve kalan çikolatanın üzerine ince bir şekilde rendeleyin. İyice kabarana ve altın rengi kahverengi olana kadar 15 dakika pişirin. Soğutmak için bir tel rafa aktarın veya sıcak servis yapın.

18. Tiramisu Çörekleri

Yapar: 16

İÇİNDEKİLER:
MAYALI ÇÖREKLER İÇİN
- ½ su bardağı ılık su
- 2 ve ¼ çay kaşığı aktif kuru maya
- ½ su bardağı ılık ayran
- 1 büyük yumurta, dövülmüş
- ¼ fincan eritilmiş tereyağı
- ¼ su bardağı şeker
- ½ çay kaşığı tuz
- 3 su bardağı çok amaçlı un, artı yoğurmak için ekstra

KAHVE KREMASI İÇİN
- ¾ fincan krem şanti, soğuk
- ½ su bardağı pudra şekeri
- 1 çay kaşığı vanilya
- ¾ su bardağı mascarpone peyniri
- 2 yemek kaşığı demlenmiş kahve, soğuk

BEYAZ ÇİKOLATA GLAZE İÇİN
- 150 gram beyaz çikolata
- 4 yemek kaşığı krem şanti
- Donutların üzerine serpmek için kakao tozu

TALİMATLAR:

a) Bir karıştırma kabına ılık suyu ekleyin. Maya ve yaklaşık 1 çay kaşığı şeker serpin. Bu karışımı 5-7 dakika veya köpürene kadar bekletin. Ayran, yumurta, eritilmiş tereyağı, kalan şeker ve tuzu ekleyin. Her şey dahil olana kadar her şeyi bir tahta kaşıkla karıştırın.

b) 3 bardak unu birer birer ekleyin ve karışım tüylü bir kütle oluşturmaya başlayana kadar karıştırın. Merkezde gevşek bir hamur oluşana kadar karıştırmaya devam edin.

c) Temiz bir çalışma yüzeyini unla tozlayın. Hamuru ters çevirin ve hamur pürüzsüz ve elastik olana kadar yoğurun, ellerinizi tozlayın ve gerektiği kadar un serpin. Bunu test etmek için hamurdan elinize küçük bir parça alın ve parmaklarınızla bir kare oluşturacak şekilde gerin. Hamur, merkezde yarı saydam bir film oluşturmalıdır. Bu, Pencere Bölmesi testi olarak da bilinir. Yoğurduğunuz hamura top şekli verin. Bir kaseye koyun ve temiz bir havluyla örtün. 1 ve ½ ila 2 saat veya iki katına çıkana kadar yükselmesine izin verin. Bu arada, yaklaşık 4-5 inç olan 12-14 adet kare parşömen kağıdı kesin.

d) Yükseldikten sonra, hamuru yavaşça söndürün. Hafifçe unlanmış bir yüzeyde, hamurun bir kısmını ½ inç kalınlığında kaba bir dikdörtgen şeklinde yuvarlayın. 3 inç çapında bir çerez kesici kullanarak hamurdan olabildiğince çok daire kesin. Hamurun diğer yarısı ile tekrarlayın. Yaklaşık 16 çörek yapabilirsiniz.

e) Her bir hamuru kare bir parşömen kağıdına koyun ve büyük bir fırın tepsisine dizin. Tavayı temiz bir mutfak havlusuyla gevşek bir şekilde örtün ve tekrar 30-40 dakika veya yumuşak ve kabarık olana kadar yükselmesine izin verin.

f) Geniş, ağır tabanlı bir tavada yaklaşık 3-4 inç kanola yağını önceden ısıtın. Yağ 350 F'ye ulaştığında, her seferinde 2-3 çörek indirin, parşömen kağıdından dikkatlice ayırın ve her iki tarafta altın rengi olana kadar toplamda yaklaşık 1-3 dakika kızartın. Çörekler çabuk kızarır, bu yüzden onları yakından izleyin. Kızarmış çörekleri, kağıt havluyla kaplı bir fırın tepsisinin üstündeki bir rafa boşaltın. Doldurmadan önce tamamen soğumalarına izin verin.

TIRAMISU DOLUMUNU YAPIN

g) Bir stand mikserinin kasesinde, çırpılmış krema, pudra şekeri ve vanilya özünü birleştirin. Karışımı, kalın ve kabarık olana kadar çırpma aparatını kullanarak çırpın. Mascarpone peynirini ve soğuk kahveyi ekleyin ve birleşene kadar çırpın.

h) Kremayı uç takılmış sıkma torbasına veya dolgu aparatlı kurabiye kalıbına aktarın.

i) Parmağınızı veya boru aparatını kullanarak, çörek kenarı boyunca bir delik açın. İçinde süpürme hareketi yaparak çörek içinde biraz boşluk oluşturmak için parmaklarınızı kullanın. Donutlar şişene kadar içine biraz tiramisu kreması sıkın.

BEYAZ ÇİKOLATA SLAZE YAPIN

j) Çikolatayı küçük parçalara ayırın ve ısıya dayanıklı geniş bir kaba alın. Çırpılmış kremayı mikrodalgaya uygun bir kaseye dökün ve kenarları yaklaşık 15-30 saniye kabarmaya başlayana kadar mikrodalgada ısıtın.

19. Tiramisu İkramları

Yapar: 24 Porsiyon

İÇİNDEKİLER:
- 3 yemek kaşığı tereyağ veya margarin
- 10 oz, şişirilmiş Marshmallow
- 4 bardak Minyatür Marshmallow
- 6 su bardağı pirinç gevreği
- 24 ons yağı azaltılmış krem peynir, yumuşatılmış
- 1½ su bardağı pudra şekeri
- ⅓ fincan sert demlenmiş kahve
- 3 yemek kaşığı yağsız süt veya sert demlenmiş kahve
- 12 ons donmuş yağı azaltılmış süt ürünü olmayan şanti tepesi
- ⅓ bardak yağı azaltılmış ekşi krema
- 1 ons yarı tatlı çikolata, rendelenmiş

TALİMATLAR:
a) Büyük bir tencerede tereyağını kısık ateşte eritin. Marshmallow ekleyin ve tamamen eriyene kadar karıştırın. Ateşten alın.
b) Pirinç gevreği ekleyin. İyice kaplanana kadar karıştırın.
c) Tereyağlı bir spatula veya mumlu kağıt kullanarak, karışımı pişirme spreyi ile kaplı 13 x 9 x 2 inçlik bir tavaya eşit şekilde bastırın. Serin. Kenara koyun.
d) Bu arada, büyük bir mikser kabında krem peynir, pudra şekeri, kahve ve sütü birleştirin. Bir elektrikli karıştırıcının orta hızında kremsi olana kadar çırpın. Tahıl karışımının üzerine eşit şekilde yayın.
e) Çırpılmış tepesi ve ekşi kremayı birlikte katlayın. Krem peynir tabakasının üzerine yayın. Üzerine çikolata serpin. 4 ila 24 saat boyunca örtün ve soğutun. 2 inçlik kareler halinde kesin.

ANA DİL

20. tiramisulu tavuk

Yapar: 4 Porsiyon

İÇİNDEKİLER:
- 3 yemek kaşığı zeytinyağı
- 8 tavuk budu, kemiksiz ve derisiz
- tatmak için biber ve tuz
- 6 diş sarımsak, doğranmış
- 3 sap taze soğan, doğranmış
- 8 ons taze mantar, dilimlenmiş
- ¾ Fincan sert demlenmiş kahve
- ¼ su bardağı esmer şeker
- 6 fesleğen yaprağı kıyılmış
- 8 ons mascarpone peyniri, ılık
- Favori hazır pirinç

TALİMATLAR:
a) Büyük bir tavada, orta ateşte yağı ekleyin.
b) Yağ kızınca terbiyeli tavukları ekleyin ve her iki tarafını da kızartın.
c) Butları tavadan çıkarın, bir fırın tepsisine koyun ve sonraya ayırın.
d) Aynı tavada sarımsak, mantar ve yeşil soğan ekleyin. Yumuşayana kadar soteleyin.
e) Kahve, esmer şeker ve kıyılmış fesleğen ekleyin ve karıştırın. 2 dakika kaynatın.
f) Tavaya mascarpone peyniri ekleyin ve karıştırmak için hızlıca karıştırın.
g) Sosu fırın tepsisindeki butların üzerine dökün.
h) 350 derecede 30 dakika pişirin.
i) En sevdiğiniz hazır pilav ile servis yapın.

21. tiramisu salatası

Yapar: 4 Porsiyon

İÇİNDEKİLER:
- ⅓ su bardağı krem peynir
- 1 paket Çok Amaçlı Krem, soğutulmuş
- ½ su bardağı Şekerli Yoğunlaştırılmış Süt
- 2 çay kaşığı hazır kahve
- 20 adet broş
- 1 kutu meyve kokteyli
- 1 adet yeşil elma, küp doğranmış
- 1 adet kırmızı elma, küp doğranmış

TALİMATLAR:
a) Bir elektrikli karıştırıcı ile krem peyniri yumuşak ve kabarık olana kadar çırpın.
b) Yoğunlaştırılmış Süt, soğutulmuş Krema ve kahveyi ekleyin.
c) Malzemeler iyice birleşene kadar çırpmaya devam edin.
d) Geniş ve meyveleri bir servis kasesine atın ve ardından kahve kreması karışımı ile doldurun. Soğuk servis yapın.

22. tiramisu risotto

Yapar: 2 Porsiyon

İÇİNDEKİLER:
- 1 su bardağı pişmiş beyaz uzun taneli pirinç
- ¼ küçük tatlı soğan
- 2 dilim pastırma
- 1 çay kaşığı akçaağaç şurubu
- 1 fincan Demlenmiş Kahve
- ½ su bardağı süt
- ½ yemek kaşığı tuzsuz tereyağı
- 2 yemek kaşığı mascarpone peyniri
- 1 yemek kaşığı rendelenmiş parmesan peyniri
- ⅛ çay kaşığı kabartma şekersiz kakao
- 1 büyük yumurta
- Tatmak için tuz ve karabiber

TALİMATLAR:
a) Soğanı soyup kıyın.
b) Bir kapta parmesan peyniri ve kakaoyu karıştırın.
c) Pastırmayı yapışmaz bir tavada orta ateşte gevrek olana kadar pişirin. Kağıt havluların üzerine boşaltın ve ardından pastırmayı doğrayın. Pastırmayı akçaağaç şurubu ile küçük bir kaseye koyun. İyice kaplamak için karıştırın ve bir kenara koyun.
d) Bir tencerede, orta ateşte tereyağını eritin ve yarı saydam olana kadar soğanı pişirin. Kahveyi karıştırın ve kaynama noktasına getirin. Pirinçle karıştırın ve kahve neredeyse emilene kadar pişirin.
e) Süt ve mascarpone peynirini tencereye alıp karıştırın.
f) Mascarpone peynirini eritmek için sürekli karıştırarak pişirin ve sıvı neredeyse emilene kadar sık sık karıştırarak kaynamaya devam edin.
g) Daha sonra pastırma karışımını tencereye karıştırın ve tadına bakmak için tuz ve karabiber ekleyin.
h) Risottoyu ramekinin 24 onsuna aktarın. Risottonun ortasına bir çukur açın ve yumurtayı kırın.
i) Üzerine parmesan peyniri karışımını serpiştirin ve önceden ısıtılmış 400 derece F fırında 7-8 dakika pişirin.

TATLI

23. Mascarpone peyniri Tiramisu

Yapar: 6

İÇİNDEKİLER:
- 4 yumurta sarısı
- ¼ su bardağı beyaz şeker
- 1 yemek kaşığı vanilya özü
- ½ su bardağı krem şanti
- 2 su bardağı mascarpone peyniri
- 30 bayan parmak
- 1½ su bardağı buzdolabında bekletilmiş buz gibi demlenmiş kahve
- ¾ bardak Frangelico likörü
- 2 yemek kaşığı şekersiz kakao tozu

TALİMATLAR:
a) Bir karıştırma kabında yumurta sarılarını, şekeri ve vanilya özünü krema kıvamına gelene kadar çırpın.
b) Ardından krem şantiyi sertleşene kadar çırpın.
c) Mascarpone peynirini ve çırpılmış kremayı birleştirin.
d) Küçük bir karıştırma kabında mascarpone'u yumurta sarılarına hafifçe katlayın ve kenarda bırakın.
e) Likörü soğuk kahve ile birleştirin.
f) Kedi dillerini hemen kahve karışımına batırın. Hanım parmakları çok ıslanırsa ıslanır.
g) Kedi parmaklarının yarısını 9x13 inçlik bir pişirme kabının altına yerleştirin.
h) Doldurma karışımının yarısını üstüne yerleştirin.
i) Kalan kedi dillerini üstüne yerleştirin.
j) Çanak üzerine bir kapak yerleştirin. Ardından 1 saat dinlendirin.
k) Kakao tozu ile toz.

24. Vegan Tiramisu

Yapar: 6 porsiyon

İÇİNDEKİLER:
- 1 su bardağı sert tofu, süzülmüş ve kuru preslenmiş
- 8 onsluk vegan krem peynir kabı
- 1/2 su bardağı vegan vanilyalı dondurma, yumuşatılmış
- 1 çay kaşığı saf vanilya özü
- 1/3 su bardağı artı 1 yemek kaşığı ince şeker
- 1/2 fincan kahve, oda sıcaklığına soğutulmuş
- 2 yemek kaşığı kahve likörü
- 1/2 inç kalınlığında dilimler halinde kesilmiş 1 vegan pound kek
- 1 yemek kaşığı şekersiz kakao tozu

TALİMATLAR:
a) Bir mutfak robotunda tofu, krem peynir, dondurma, vanilya ve 1/3 bardak şekeri birleştirin. Pürüzsüz ve iyi karışana kadar işleyin.
b) Küçük bir kapta kahveyi, kalan 1 yemek kaşığı şekeri ve kahve likörünü birleştirin.
c) 8 inçlik kare bir fırın tepsisine tek kat kek dilimleri yerleştirin ve kahve karışımının yarısını fırçayla sürün. Kakaonun yarısını serpin. Tofu karışımının yarısını kekin üzerine yayın. Tofu karışımının üzerine bir kat daha kek dilimleri yerleştirin. Kalan kahve karışımını fırçayla sürün ve kalan tofu karışımını eşit şekilde yayın. Kalan kakaoyu serpin. Servis yapmadan 1 saat önce soğutun.

25. Rum Tiramisu

Yapar: 6 porsiyon

İÇİNDEKİLER:
- 1 pound mascarpone peyniri, gerçekten taze
- 1 büyük kutu vişne şurubu içinde
- ¼ su bardağı toz şeker
- 2 yemek kaşığı rom, artı
- ⅓ su bardağı rom ve biraz ekstra toz şeker ile karıştırılmış
- 24 bayan parmağı

TALİMATLAR:

a) Peyniri, ¼ su bardağı toz şekeri ve 2T romu karıştırın. 3 eşit parçaya bölün
b) 8 bisküviyi en az onları alabilecek büyüklükte bir fırın tepsisine yan yana koyun. Konserve vişne suyunun ⅓'ünü bisküvilerin üzerine eşit şekilde dağıtarak dökün. Bisküvilerin üzerine peynirli karışımın 1/3 katı kadar yayın.
c) Peynir karışımının üzerine 8 bisküvi daha yan yana koyun. Bu bisküvi tabakasını rom karışımı ile ıslatın. Peynirli karışımın diğer üçte birini bisküvilerin üzerine yayın.
d) Peynir karışımının üzerine 8 bisküvi daha yan yana koyun. Bu bisküvi tabakasını kalan ⅓ fincan konserve vişne şurubu ile ıslatın. Peynir karışımının son üçte birini bisküvilerin üzerine yayın.
e) Ekstra kirazlarla süsleyin.

26. Mini Tiramisu Tatlıları

Yapar: 6 porsiyon

İÇİNDEKİLER:
MASCARPONE DOLUMU İÇİN
- 20 ons mascarpone peyniri
- 3 yemek kaşığı şeker
- 1 su bardağı ağır çırpılmış krema, soğuk
- ½ su bardağı pudra şekeri
- 1 çay kaşığı vanilya özü

ESPRESSO İLE ISLATILMIŞ LADYFINGERS İÇİN
- ¾ bardak sıcak su
- 3 yemek kaşığı instant espresso tozu
- 3 yemek kaşığı şeker
- 36 yumuşak kedi dili

KAHLUA ŞANTİ İÇİN
- ½ fincan ağır çırpılmış krema
- ¼ fincan pudra şekeri
- 2 yemek kaşığı Kahlua

TALİMATLAR:
a) Mascarpone peyniri ve şekeri birleşene kadar karıştırın. Fazla karıştırmayın yoksa mascarpone peyniri incelebilir. Kenara koyun.
b) Başka bir kapta, ağır çırpılmış krema, pudra şekeri ve vanilya özü ekleyin ve sert zirveler oluşana kadar çırpın.
c) Çırpılmış kremayı mascarpone peyniri karışımına dikkatlice katlayın. Kenara koyun.
d) Başka bir kapta sıcak su, espresso tozu ve şekeri birleştirin.
e) Küçük şeyleri kat kat yapmak için kedi parmaklarını birer birer espresso karışımına batırın ve küçük fincanın dibine yerleştirin. İki ila üç kedi parmağı kullanın ve bardağa sığmaları ve tam bir katman oluşturmaları için gerektiği gibi parçalara ayırın.

f) Ladyfingers'ın üzerine bir kat mascarpone dolgusu sıkın veya kaşıklayın.
g) Başka bir ladyfinger tabakası ve mascarpone dolgusunu tekrarlayın.
h) Ufak tefek işlemleri tamamladıktan sonra krem şantiyi yapın.
i) Ağır çırpılmış krema, pudra şekeri ve Kahlua'yı büyük bir mikser kasesine ekleyin ve sert zirveler oluşana kadar çırpın.
j) Her küçük parçanın üzerine bir girdap çırpılmış krema sıkın, ardından istenirse kakao tozu serpin.
k) Servis yapmaya hazır olana kadar küçük şeyleri soğutun.

27. Tiramisu Dondurma

Yapar: 8

İÇİNDEKİLER:

- 2 ½ su bardağı krema
- 2 su bardağı tam yağlı süt
- 1 vanilya çubuğu, uzunlamasına ikiye bölünmüş ve tohumları çıkarılmış
- 8 büyük yumurta sarısı
- ¾ su bardağı şeker
- ¼ çay kaşığı tuz
- 20 kedi dili, artı servis için daha fazlası
- ¼ fincan sert kahve soğutulmuş
- ¼ bardak amaretto likörü
- ½ su bardağı kaliteli şekerleme sosu

TALİMATLAR:

a) Bir tencerede krema, süt, vanilya çekirdeği kazımalarını ve kapsülü birleştirin ve kaynayana kadar orta ateşte ısıtın.
b) Ateşten alın ve yaklaşık 30 dakika soğumaya bırakın.
c) Sarıları, şekeri ve tuzu büyük bir kapta birleştirin ve karışım üç katına çıkana ve kalın ve kremsi olana kadar çırpın.
d) Mikser hızını orta-düşük seviyeye düşürün ve süt karışımını yavaşça içine dökün.
e) Karışımı tekrar tencereye aktarın ve orta ateşte bir kaşığın arkasını kaplayacak kadar kalınlaşana kadar sürekli karıştırarak pişirin.
f) Karışımı bir elekten buzlu su banyosuna yerleştirilmiş bir kaseye süzün.
g) Karışımı bir elekten geçirerek buzlu su banyosuna yerleştirilmiş bir kaseye dökün.
h) En az bir saat buzdolabında soğutun.
i) Bir dondurma makinesinde dondurun.

j) Karışım donarken kedi dili hazırlayın. Eşit miktarda amaretto ve sert kahveyi birleştirin ve kedi parmaklarını karışıma hızlıca batırın, böylece kedi parmakları baştan sona ıslanır ancak çıtırlıklarını korur.
k) Kaseyi dondurucuya aktarmadan veya yemeden önce şekerleme sosu ve ıslatılmış kedi parmaklarını katlayın.
l) Donana kadar dondurucuda soğutun.
m) Servis yapmak için bir kaseye birkaç kedi dili koyun, üzerine kahve ve amaretto karışımı gezdirin ve üzerine tiramisu dondurması ekleyin.

28. 2Tiramisu Tartları

Yapar: 6 porsiyon

İÇİNDEKİLER:
KABUĞU İÇİN:
- 4 çay kaşığı pudra şekeri
- 2 çay kaşığı Hollanda usulü kakao tozu
- 2 yemek kaşığı çok amaçlı un
- ½ çay kaşığı mısır nişastası
- ¼ çay kaşığı instant espresso tozu
- Bir tutam tuz
- 1 ½ yemek kaşığı soğuk tuzsuz tereyağı, küçük küpler halinde kesilmiş
- Vanilya özü sıçraması

DOLGU İÇİN:
- 3 ons mascarpone peyniri, oda sıcaklığında
- 2 yemek kaşığı şeker
- 1 ½ yemek kaşığı marsala
- Vanilya özü sıçraması

GARNİTÜR İÇİN:
- Küçük bir kalıp yarı tatlı veya acı tatlı çikolata veya Hollanda usulü kakao tozu

TALİMATLAR:

a) Pudra şekeri, kakao tozu, çok amaçlı un, mısır nişastası, espresso tozu ve tuzu mini bir mutfak robotuna yerleştirin. Birleştirmek için birkaç kez vurun.

b) Soğuk tereyağı küplerini ve vanilyayı ekleyin ve küçük kırıntılar oluşana kadar karıştırın.

c) Dolguyu iki 3 ½ inçlik tart kalıbına bölün ve kırıntıları alta ve yanlara doğru bastırmak için yuvarlak bir çorba kaşığının arkasını kullanın. En az 15 dakika dondurucuya koyun.

d) Fırını 325 dereceye ısıtın.

e) Tartlet kalıplarını bir fırın tepsisine yerleştirin ve 8 ila 10 dakika pişirin. Tamamen soğuması için bir tel rafa yerleştirin.

f) Küçük bir kapta krem peynir, şeker, marsala ve vanilyayı pürüzsüz olana kadar çırpın.

g) Dolguyu iki soğutulmuş kabuk arasında bölün.

h) Süslemek için biraz yarı tatlı veya acı tatlı çikolata rendeleyin veya her tartletin üzerine biraz Hollanda usulü kakao eleyin.

29. Beyaz Çikolatalı Tiramisu Puding Kapları

Yapar: 6 porsiyon

İÇİNDEKİLER:

- 10 italyan bayan parmak
- ½ fincan demlenmiş kahve, soğutulmuş, bölünmüş
- 4 ons mascarpone peyniri, yumuşatılmış
- 1 ½ su bardağı süt
- 3,9 onsluk Beyaz Çikolatalı Vanilyalı Fasulye Hazır Puding Karışımı paketi
- 8 onsluk çırpılmış tepesi kabı, bölünmüş
- beyaz çikolata talaşı, isteğe bağlı

TALİMATLAR:

a) Lady Fingers'ı plastik bir fermuarlı torbaya koyun ve kaba kırıntılar oluşana kadar bir tokmak veya oklava ile ezin.

b) Kırıntıları 6 küçük servis tabağına eşit olarak paylaştırın. Bayan parmak kırıntılarını ¼ fincan kahve ile serpmek için bir çay kaşığı kullanın. Servis tabağı başına yaklaşık 2 çay kaşığı kahve kullanacaksınız.

c) Mascarpone peyniri, süt, ¼ fincan kahve ve puding karışımını bir karıştırıcıya koyun ve pürüzsüz olana kadar orta hızda yaklaşık 30 saniye karıştırın.

d) Puding karışımını büyük bir kaseye aktarmak için lastik bir spatula kullanın. Çırpılmış tepenin ½'sini katlayın.

e) Dolguyu 6 servis tabağı arasına eşit şekilde kaşıklayın veya sıkın. Örtün ve 4 saat veya gece boyunca soğutun.

f) Servis yapmadan önce, kalan çırpılmış krema ve beyaz çikolata talaşı ile süsleyin.

30. limon tiramisu

Yapar: 8-10

İÇİNDEKİLER:
- 2 adet limon, suyu ve kabuğu rendesi
- 4 yemek kaşığı brendi veya 4 yemek kaşığı beyaz rom
- 4 ons pudra şekeri, bölünmüş
- 9 onsluk sünger kek parmak paketi
- İki adet 9 onsluk mascarpone peyniri kabı
- 4-5 yemek kaşığı limon lor
- 2 büyük yumurta, ayrılmış
- 150 ml krema
- 1 limon kabuğu, ince rendelenmiş, biraz demerara şekeri ile karıştırılmış

TALİMATLAR:

a) Sığ bir kapta limon suyu, brendi ve 2 oz şekeri karıştırın.
b) Bir kenara koyun, böylece şekerin çözülmesi için zaman olur.
c) 9 inçlik yaylı bir tava hazırlayın; altını parşömen kağıdı ile hizalayın.
d) Çok temiz bir kapta, temiz çırpıcılar kullanarak yumurta aklarını yumuşak zirveler oluşana kadar çırpın, yavaş başlayın, yavaş yavaş daha yüksek hızda başlayın.
e) Kremayı da yumuşak bir zirveye kadar çırpın.
f) Kalan şeker, mascarpone, limon lor, yumurta sarısı ve limon kabuğu rendesini birlikte çırpın.
g) Daha sonra mascarpone karışımındaki kremayı, ardından yumurta aklarını metal bir kaşık kullanarak katlayın.
h) Limon/brendi karışımını karıştırın ve parmaklarınızı içine daldırın, tabağın altını parmaklarla hizalayın ve bisküvilerin üzerine fazladan biraz sıvı serpin, genellikle yeterli olacaktır.
i) Mascarpone karışımının yarısını bisküvilerin üzerine dökün, kalan parmakları batırın ve üstüne yerleştirin, biraz kaldıysa tekrar brendi limon suyu serpin ve ardından mascarpone'un geri kalanını ekleyin.
j) Bir palet bıçağı kullanarak üzerini düzeltin, üzerini örtün ve bir gece buzdolabında bekletin.
k) Servis yapmak için, kullanıyorsanız üzerine limon/şeker karışımını serpiştirin, kalıptan çıkarın, servis tabağına alın ve dilimler halinde kesin.

31. Kabak Baharatlı Tiramisu Turtası

Yapar: Bir 9 inçlik turta

İÇİNDEKİLER:
- 1 ½ bardak ağır krema
- 2 büyük yumurta, ayrılmış
- ⅓ su bardağı artı 1 yemek kaşığı şeker
- 1 su bardağı mascarpone, oda sıcaklığında
- ½ su bardağı konserve kabak püresi
- 1 ½ çay kaşığı kabak pasta baharatı
- 1 ½ fincan oda sıcaklığında demlenmiş espresso
- 5,3 onsluk ladyfingers paketi
- Tıraş için bitter veya yarı tatlı çikolata

TALİMATLAR:

a) Çırpma aparatıyla donatılmış bir stand mikserin kasesinde, kremayı orta-yüksek hızda sert zirveler oluşana kadar çırpın; küçük bir kaseye aktarın ve soğutun.

b) Temizlenmiş çırpma aparatına sahip stand mikserinin temizlenmiş kasesinde, yumurta aklarını yumuşak zirveler oluşana kadar yüksek hızda çırpın. 1 yemek kaşığı şeker ekleyin ve sert zirveler oluşana kadar çırpın; küçük bir kaseye aktarın.

c) Temizlenmiş çırpma aparatıyla donatılmış stand mikserin temizlenmiş kasesinde, yumurta sarılarını ve kalan ⅓ fincan şekeri koyulaşıp soluk sarı olana kadar yüksek hızda çırpın. Mascarpone, kabak püresi, balkabağı turta baharatı ve çırpılmış kremanın üçte birini yumurta sarısı karışımına yavaşça katlayın. Çırpılmış yumurta aklarını yavaşça ekleyin ve soğutun.

d) Espressoyu sığ bir tabağa koyun. Kedi parmaklarının her iki tarafını da espressoya batırın ve 9 inçlik bir pasta tabağına dibi tamamen hizalanacak şekilde yerleştirin. Kabak karışımının yarısı, daha fazla espressoya batırılmış kedi dili ve kalan kabak karışımı ile doldurun. Pastayı kalan çırpılmış krema ve çikolata talaşı ile doldurun. Servis yapmaya hazır olana kadar 8 saat veya bir geceye kadar buzdolabında bekletin.

32. Tiramisu Whoopie Pies

Yapar: 6 porsiyon

İÇİNDEKİLER:
KURABİYE:
- 2 su bardağı badem unu
- 3 yemek kaşığı tatlandırılmamış peynir altı suyu proteini
- ½ su bardağı Monk Meyve Granül Tatlandırıcı
- 2 çay kaşığı kabartma tozu
- ½ çay kaşığı kabartma tozu
- ½ çay kaşığı tuz
- ½ su bardağı tereyağı küçük küpler halinde kesilmiş
- ½ su bardağı düşük karbonhidratlı şeker ikamesi veya ½ su bardağı en sevdiğiniz düşük karbonhidratlı tatlandırıcı
- 2 büyük yumurta
- 1 çay kaşığı vanilya özü
- ½ su bardağı tam yağlı ekşi krema
- üzerine serpmek için kakao tozu

DOLGU:
- ¼ fincan soğuk espresso kahve veya sert kahve
- 1 yemek kaşığı koyu rom
- 8 ons mascarpone peyniri
- 2 yemek kaşığı düşük karbonhidratlı şeker yerine
- bir tutam tuz
- ½ fincan ağır krema
- 2 çay kaşığı vanilya özü
- 2 çay kaşığı koyu rom isteğe bağlı veya seçtiğiniz likörle alt

TALİMATLAR:
a) Fırını 350 ° F'ye ısıtın. Whoopie turta tepsisine yapışmaz sprey püskürtün.
b) Badem unu, protein tozu, esmer şeker tatlandırıcı, kabartma tozu, kabartma tozu ve tuzu bir kapta karıştırın. Kenara koyun.
c) Tereyağı ve şekeri mikserle orta-yüksek hızda krema kıvamına gelene kadar çırpın; yaklaşık 2 dakika. Yumurtaları ve 1 çay kaşığı vanilyayı ekleyip karışana kadar çırpın. Kasenin kenarlarını kazıyın. Ekşi krema ekleyin, ardından karışımı kurutun.

d) Küçük bir çay kaşığı kullanarak, hamuru her boğmaca pasta kalıbına boşaltın ve boşluğun yaklaşık ⅔'ünü doldurun. Küçük bir süzgecin içine biraz kakao tozu koyun ve her hamur kepçesinin üzerine biraz kakao tozu serpin.
e) Kenarlar altın rengi olana kadar yaklaşık 10-12 dakika pişirin.
f) Tel ızgara üzerinde yaklaşık 10 dakika soğutun, ardından kurabiyeleri tavadan çıkarın ve soğumaya bırakın.
g) Soğuduktan sonra, kurabiyeleri rafta ters çevirin.
h) Küçük bir kasede espresso ve 3 yemek kaşığı koyu romu karıştırın. Her kurabiyenin alt tarafına yaklaşık ¼ çay kaşığı espresso sıvısı yayın.
i) Mascarpone peyniri, düşük karbonhidratlı şeker ikamesi, tuz, ağır kremalı vanilya ve 1 T. koyu romu bir mikser ile pürüzsüz olana kadar çırpın. Kurabiyelerin çikolatalı yarısının üzerine mascarpone peynirli karışımdan biraz koyun. Kurabiyelerin diğer yarısını üstüne yerleştirin.
j) Hemen servis yapın veya buzdolabına koyun.

33. Tiramisu Cheesecake

Yapar: 12

İÇİNDEKİLER:
KABUK:
- 12 onsluk ladyfingers paketi
- ¼ su bardağı tuzsuz tereyağı, eritilmiş
- 2 yemek kaşığı kahve aromalı likör

DOLGU:
- Üç adet 8 onsluk yumuşatılmış krem peynir paketi
- 8 onsluk yumuşatılmış mascarpone peyniri kabı
- 1 su bardağı beyaz şeker
- 2 yemek kaşığı kahve aromalı likör
- ¼ fincan çok amaçlı un
- 2 büyük yumurta
- 1 çay kaşığı ağır krema veya gerektiği gibi daha fazla
- ¼ ons yarı tatlı çikolata

TALİMATLAR:

a) Fırını 350 derece F'ye ısıtın.
b) En alt fırın rafına bir kap su koyun.
c) Kabuğu yapın: Kedi parmaklarını ince kırıntılara kadar ezin. Kırıntıları eritilmiş tereyağı ve kahve aromalı likör ile bir kaseye koyun; eşit bir şekilde birleştirilene kadar karıştırın. 9 inçlik yay biçimli bir tavanın dibine bastırın.
d) Dolguyu yapın: Krem peynir, mascarpone peyniri ve şekeri büyük bir kapta elektrikli karıştırıcı ile 2 ila 3 dakika çok pürüzsüz olana kadar çırpın. Kasenin kenarlarını kazıyın ve kahve aromalı likörle karıştırın. Un ve yumurta ekleyin; pürüzsüz olana kadar düşük hızda karıştırın. Hamur çok kalın görünüyorsa, ağır krema ile karıştırın. Hamuru kabuğun üzerine dökün.
e) Önceden ısıtılmış fırının orta rafında 40 ila 45 dakika kadar pişirin.
f) Fırının kapağını açın, ocağı kapatın ve cheesecake'i orta rafta 20 dakika soğumaya bırakın. Fırından çıkarın, bir tel ızgaraya aktarın ve yaklaşık 30 dakika daha tamamen soğumaya bırakın.
g) En az 3 saat veya bir gece buzdolabında bekletin.
h) Servis yapmaya hazır olduğunuzda, üzerine yarı tatlı çikolata rendeleyin. Bir sofra bıçağının ucunu tavanın kenarlarında gezdirin, ardından mandalları açın ve yanları çıkarın. Cheesecake'i yavaşça kalıbın tabanından ve servis tabağına kaydırın.

34. Mangomisu

Yapar: 6 porsiyon

İÇİNDEKİLER:
- 500 gr mascarpone peyniri
- 600ml koyulaştırılmış krema
- ⅓ su bardağı pudra şekeri
- 2 yumurta sarısı
- 1 vanilya çekirdeği, bölünmüş, tohumları sıyrılmış
- ½ fincan Büyük Marnier
- 2 portakalın suyu
- 300 gr kedi dili
- 3 mango, eti 1 cm kalınlığında dilimlenmiş
- Ahududu sosu
- ¼ fincan pudra şekeri
- 250 gr taze ahududu veya donmuş ahududu
- 1 limon suyu

TALİMATLAR:

a) 22 cm'lik kelepçeli kek kalıbının tabanını streç film veya pişirme kağıdı ile kaplayın. Mascarpone, koyulaştırılmış krema, pudra şekeri, yumurta sarısı ve vanilya tohumlarını bir elektrikli karıştırıcının kasesine koyun ve koyulaşıp iyice karışana kadar yüksek hızda çırpın.

b) Grand Marnier ve portakal suyunu ayrı bir kapta birleştirin. Pandispanya parmaklarının yarısını sıvı karışıma batırın ve kek kalıbının tabanına dizin. Mascarpone karışımının üçte birini yayın ve mango dilimlerinin üçte birini üstüne koyun. İşlemi tekrarlayın, ardından kalan mascarpone karışımını ekleyin ve kalan mango dilimlerini servis için ayırın. Pastayı örtün ve 2 saat veya sertleşene kadar soğutun.

c) Bu sırada frambuaz sosu için, küçük bir tencereye şekeri ve 2 yemek kaşığı suyu alıp orta ateşte karıştırarak şekeri eritin. Hafifçe soğutun, ardından meyveleri ve limon suyunu ekleyin. Pürüzsüz olana kadar bir mutfak robotunda çırpın, ardından bir elekten geçirin. Servis yapmaya hazır olana kadar soğutun.

d) Servis yapmak için kek kalıbının kenarlarını ve tabanını dikkatlice çıkarın ve mangomisu'yu bir tabağa aktarın.

e) Ayrılmış mango bukleleriyle süsleyin, ardından dilimleyin ve meyve sosuyla servis yapın.

35. Matcha tiramisu

Yapar: 9

İÇİNDEKİLER:
DEMLENMİŞ KAHVE
- ¾ fincan demlenmiş kahve
- 1 yemek kaşığı amaretto isteğe bağlı

MASCARPON KREMİ
- ⅓ bardak yoğunlaştırılmış süt
- 1 yemek kaşığı matcha tozu
- 3 yumurta sarısı
- 8 ons mascarpone peyniri
- 2 yemek kaşığı demlenmiş kahve
- 1 çay kaşığı vanilya özü
- 1 su bardağı yoğun krema

TIRAMISU MONTAJI
- 40 kedi dili
- 1 yemek kaşığı matcha tozu

TALİMATLAR:

a) Demlenmiş kahvenizi amaretto ile bir kasede birleştirin. Kenara koyun.

b) Yoğunlaştırılmış sütü ve matcha'yı homojen bir yeşil renge kadar karıştırın. Matcha tozunu yoğunlaştırılmış sütün içine eleyin.

c) Ardından, mascarpone dolgunuzu yapın. Küçük bir tencerede kaynatmak için birkaç bardak su getirin.

d) Bir kaseye yumurta sarısı ve matcha yoğunlaştırılmış süt ekleyin. Kâseyi kaynayan suyun üzerine koyun ve yumurta karışımı daha açık yeşil bir renk alana kadar karıştırın. Ateşten alın.

e) Yumurta karışımına mascarpone peyniri, demlenmiş kahve ve vanilya özü ekleyin ve iyice karışana kadar karıştırın.

f) Ağır kremayı sert zirvelere kadar çırpın. Kremayı 5. adımdaki mascarpone karışımına yavaşça katlayın. Kenara koyun.

g) Şimdi tiramisu'nuzu hazırlamanın zamanı geldi. Bir hanım parmağını demlenen kahveye hafifçe batırın ve 9×9 fırın tepsisine yerleştirin. Alt kısmı kedi dili ile kaplanana kadar bu işlemi tekrarlayın.

h) Mascarpone kreminin yarısını hanım parmaklarına alın. Bayan parmaklarının üzerine eşit bir tabaka halinde yayın. Bu işlemi ikinci bir kat bayan parmak ve ardından ikinci kat mascarpone peyniri ile tekrarlayın.

i) Matcha tozunu ikinci kat mascarpone kreminin üzerine eleyin.

j) Tiramisu'nun üzerini kapatıp buzdolabına kaldırın. 6 saat veya bir gece buzdolabında bekletelim. En iyi tat ve doku için bir gece buzdolabında bekletin.

36. Çikolatalı ve karamelli mus tiramisu

Yapar: 12

İÇİNDEKİLER:
- 400 gr bitter çikolata, doğranmış
- 400 gr sütlü çikolata, doğranmış
- 6 yumurta, ayrılmış
- 1 ½ titanyum gücünde jelatin yapraklar, soğuk suda 5 dakika yumuşatılmış
- 900ml kalınlaştırılmış krema
- 2 çay kaşığı vanilya fasulye ezmesi
- ½ su bardağı pudra şekeri
- 1 su bardağı kahve likörü
- 400 gr kedi dili bisküvi
- Toz haline getirmek için kakao

karamelli mus
- 800ml koyulaştırılmış krema
- 2 adet titanyum gücünde jelatin yaprağı, soğuk suda 5 dakika yumuşatılmış
- 2 x 250g kavanoz satın alınan dulce de leche, gevşetmek için hafifçe dövüldü

TALİMATLAR:
a) Çikolataları, kaynayan su dolu bir tencerenin üzerine yerleştirilmiş ısıya dayanıklı bir kaba koyun ve eriyene ve pürüzsüz olana kadar karıştırın. Hafifçe soğutun, ardından kürek eki ile bir stand miksere aktarın.
b) Yumurta sarısını çırpın.
c) 300 ml kremayı küçük bir sos tenceresine alın ve kısık ateşte kaynamaya bırakın. Jelatinden fazla suyu sıkın ve eriyene ve birleştirilene kadar kremaya karıştırın. 3 partide, pürüzsüz olana kadar çikolata karışımına yedirin. Büyük, temiz bir kaseye aktarın.
d) Kalan 600ml kremayı vanilya ile sert zirvelere kadar çırpın. Sakin olmak.

e) Yumurta aklarını çırpma aparatı ile bir stand miksere koyun ve sert tepe noktalarına kadar çırpın. Her seferinde 1 yemek kaşığı şeker ekleyin ve eriyene ve karışım parlak olana kadar çırpın.
f) Çırpılmış kremayı bir çikolata karışımına katlayın, ardından 2 parti halinde çırpılmış yumurta aklarını ekleyin. Toplanmaya hazır olana kadar soğutun.
g) Karamelli mus için 200 ml kremayı küçük bir sos tenceresine alıp kısık ateşte kaynamaya bırakın. Jelatinden fazla suyu sıkın ve eriyene ve birleştirilene kadar kremaya karıştırın. Hafifçe soğutun. Kalan 600 ml kremayı çırpma aparatı ile bir stand miksere yerleştirin ve yumuşak zirvelere kadar çırpın. Birleştirilene kadar gevşetilmiş dulce de leche ve jelatin karışımını katlayın. 30 dakika soğutun.
h) Kahve likörünü geniş bir kaseye alın. Kedi dili bisküvilerinin yarısını liköre batırın ve 6 litrelik bir servis tabağının tabanına çift kat halinde dizin. Üzerine çikolatalı mus un yarısını gezdirin. Kalan bisküvileri liköre batırın ve musun üzerine çift kat olacak şekilde dizin. Karamelli mus ile üstünü bir palet bıçağıyla düzleştirin. Donana kadar 2-3 saat buzdolabında bekletin. Kalan çikolatalı musu 1 cm'lik düz ağızlık takılmış bir sıkma torbasına koyun ve kullanıma hazır olana kadar buzdolabında saklayın.
i) Kalan çikolatalı musu karamelli musun üstüne sıkın. Donana kadar 4-5 saat veya bir gece buzdolabında bekletin. Servis için üzerine kakao serpin.

37. Tiramisu kremalı tencere

Yapar: 8

İÇİNDEKİLER:
- 2 su bardağı pudra şekeri
- 12 yumurta sarısı
- 2 vanilya fasulyesi, bölünmüş, tohumları sıyrılmış
- 1,2 L saf krema, artı fazladan ¼ bardak
- 2 yemek kaşığı hazır kahve granülleri
- 50 gr tuzsuz tereyağı, doğranmış
- 4 adet pandispanya bisküvi, ufalanmış
- 2 yemek kaşığı Frangelico
- 1 yemek kaşığı ince kıyılmış fındık
- 400 gr kaliteli mascarpone
- 1 çay kaşığı vanilya özü
- Toz haline getirmek için kaliteli kakao tozu

TALİMATLAR:

a) Fırını önceden 140°C'ye ısıtın.
b) Bir kapta şeker ve yumurta sarılarını beyazlaşana kadar çırpın.
c) Vanilya çekirdeklerini ve çekirdeklerini krema ve kahve ile birlikte büyük bir tencereye koyun ve kahveyi eritmek için karıştırarak kaynama noktasına getirin. Birleşene kadar sürekli karıştırarak yumurta karışımının üzerine yavaşça dökün.
d) Yumurta karışımını temizlenmiş tavaya geri koyun ve orta-düşük ısıya yerleştirin.
e) Sürekli karıştırarak 6-8 dakika veya koyulaşana ve yumurta karışımı kaşığın arkasını kaplayana kadar pişirin. Sekiz adet ¾ fincan fırına dayanıklı kaba bölün ve büyük bir kızartma tavasına koyun. Tencerenin kenarlarına gelecek kadar kaynar su ekleyin.
f) Tavayı folyo ile örtün ve dikkatlice fırına yerleştirin. Merkezde hafif bir sallanma ile ayarlanana kadar 30 dakika pişirin. Oda sıcaklığına soğutun, ardından 2 saat veya sertleşene kadar soğutun.
g) Servis yapmaya hazır olduğunuzda, tereyağını bir tavada 2-3 dakika veya ceviz rengine gelene kadar eritin. Kedi parmaklarını ekleyin ve karıştırarak 3-4 dakika veya kızarana kadar pişirin. Frangelico ve fındıkları ekleyin ve birleştirmek için karıştırın. Serin. Mascarpone, vanilya ve ekstra kremayı bir kapta yavaşça karıştırın.
h) Muhallebilerin üzerine mascarpone karışımını dökün. Servis için kedi dili kırıntısı ve kakao serpin.

38. Tiramisulu Kapkekler

Yapar: 12-14 Kek

İÇİNDEKİLER:
KAPKEK
- 6 yemek kaşığı tuzlu tereyağı, oda sıcaklığında
- ¾ su bardağı şeker
- 2 çay kaşığı vanilya özü
- 6 yemek kaşığı ekşi krema
- 3 yumurta akı
- 1¼ su bardağı çok amaçlı un
- 2 çay kaşığı kabartma tozu
- 6 yemek kaşığı süt
- 2 yemek kaşığı su

TIRAMISU DOLUMU
- 2 yumurta sarısı
- 6 yemek kaşığı şeker
- ½ su bardağı mascarpone peyniri
- ½ fincan ağır çırpılmış krema
- 2½ yemek kaşığı ılık su
- 1 yemek kaşığı instant espresso kahve granülleri
- ¼ fincan Kahlua

TALİMATLAR:
KUPAK YAPIN
a) Fırını 350 dereceye ısıtın ve kek astarlı bir kek tepsisi hazırlayın.
b) Tereyağı ve şekeri rengi açılıp köpük köpük olana kadar yaklaşık 2-3 dakika çırpın.
c) Vanilya özü ve ekşi krema ekleyin ve iyice birleşene kadar karıştırın.
d) Yumurta aklarını iki parti halinde ekleyin ve iyice birleşene kadar karıştırın.
e) Kuru malzemeleri başka bir kapta birleştirin, ardından başka bir kapta süt ve suyu birleştirin.
f) Kuru malzemelerin yarısını hamura ekleyin ve iyice birleşene kadar karıştırın. Süt karışımını ekleyin ve iyice birleşene kadar

karıştırın. Kalan kuru malzemeleri ekleyin ve iyice birleşene kadar karıştırın.
g) Cupcake kaplarını yaklaşık yarısına kadar doldurun. 15-17 dakika veya batırdığınız bir kürdan birkaç kırıntıyla çıkana kadar pişirin.
h) Cupcakes'i fırından çıkarın ve 2-3 dakika soğumaya bırakın, ardından soğutmayı bitirmek için bir soğutma rafına alın.

DOLUMU YAPIN & KUPAKLARI DOLDURUN
a) Cupcakes soğurken, dolguyu yapın. Yumurta sarısı ve şekeri benmari usulü kaynayan su üzerinde birleştirin. Çift kazanınız yoksa, içinde kaynayan su bulunan bir tencerenin üzerine yerleştirilmiş metal bir karıştırma kabı kullanabilirsiniz.
b) Düşük ısıda, sürekli karıştırarak veya karışım açık renk alana ve şeker eriyene kadar yaklaşık 6-8 dakika pişirin. Karışım çok kalınlaşmaya ve daha koyu bir sarı olmaya başlarsa, fazla pişmiş demektir.
c) Bittiğinde, sarıları bir mikser ile koyulaşana ve biraz sarı olana kadar çırpın.
d) Mascarpone peynirini çırpılmış sarılara katlayın.
e) Başka bir mikser kasesine ağır çırpılmış krema ekleyin ve yaklaşık 5-7 dakika sert tepe noktaları oluşana kadar çırpın.
f) Çırpılmış kremayı mascarpone karışımına katlayın.
g) Başka bir küçük kapta ılık su, espresso ve Kahlua'yı birleştirin.
h) Cupcakeler soğuyunca ortalarını kesin.
i) Cupcakelerin deliklerinin iç kısmına espresso karışımından yaklaşık 1 yemek kaşığı gezdirin, ardından delikleri tiramisu dolgusu ile doldurun.

39. Mini Tiramisu Bardakları

Yapar: 5

İÇİNDEKİLER:
TIRAMISU KUPASI İÇİN
- Mağazadan alınmış 200 gr Ladyfingers
- 300 gr Mascarpone %41 yağ, soğuk tüketin
- 240 g Ağır Krema %36 yağ, çok soğuk
- 70 gr elenmiş pudra şekeri

MONTAJ İÇİN
- 1 fincan Kahve sert espresso kedi parmaklarını emdirmek için hafifçe tatlandırılmış
- Üzerini süslemek için Hollanda usulü işlenmiş birkaç yemek kaşığı Kakao tozu
- Süslemek için kedi parmakları

TALİMATLAR:

a) Bir kapta mascarpone, ağır krema ve pudra şekerini Elektrikli el mikseri yardımıyla birkaç dakika köpük köpük olana kadar çırpın.

b) Hanım parmaklarını taze hazırlanmış espressoya nazikçe batırın ve kahveye batırılmış kedi parmaklarından başlayıp mascarpone kremasıyla bitirerek bir fincana yerleştirmeye başlayın.

c) Ufak bir spatula veya kaşıkla üzerini düzeltin ve kedi parmağının yumuşaması için tiramisu kaplarını en az 1 saat buzdolabında bekletin.

d) Tiramisu buzdolabında donduktan sonra üzerine kakao tozu serpin ve kedi parmaklarıyla süsleyin.

40. Tiramisu Kremalı Puflar

Yapar: 15

İÇİNDEKİLER:
CHOUX İÇİN
- ½ su bardağı su
- 4 yemek kaşığı tuzsuz tereyağı
- ½ çay kaşığı şeker
- Bir tutam tuz
- ½ bardak çok amaçlı un
- 2 büyük yumurta

TIRAMISU KREMASI İÇİN:
- 4 ons mascarpone peyniri, soğuk oda sıcaklığında
- 2 yemek kaşığı kahve likörü
- 1 su bardağı ağır krem şanti
- ¾ su bardağı pudra şekeri

GANAJ İÇİN:
- ⅓ fincan ağır çırpılmış krema
- 4 ons kıyılmış bitter çikolata

TALİMATLAR
CHOUX İÇİN:

a) Fırını 425 dereceye ısıtın ve bir fırın tepsisine bir parşömen kağıdı koyun.
b) Orta ateşte orta boy bir tencerede, tereyağı eriyene ve karışım kaynayana kadar su, tereyağı, şeker ve tuzu birleştirin. Tencereyi ocaktan alın ve birleştirmek için kuvvetlice karıştırarak tüm unu ekleyin.
c) Birkaç dakika karıştırıldıktan sonra hamur, tavanın kenarlarından uzaklaşan nemli bir top oluşturacaktır. Pişirmek için tavayı sıcağa geri getirin, hamuru bir tahta kaşık veya lastik spatula ile 3 dakika kürek çekin. Hamuru geniş bir kaseye boşaltın ve yumurtaları birer birer ekleyin, her eklemeden sonra kuvvetlice karıştırın.
d) Hamur, içinden tahta kaşığı çektiğinizde yumuşak bir tepe noktası tutacak kadar kıvamlı olmalıdır. Çok katı olursa bir veya iki çay kaşığı su ekleyin. Karışımı sıkma torbasına doldurun ve

hazırlanan tepsiye yaklaşık 2 inç arayla yemek kaşığı büyüklüğünde yuvarlak toplar sıkın. Fırında macaron kurabiyesi şekline benzer şekilde yuvarlak diskler olacak şekilde yuvarlaklardaki tepe noktaları düzeltmek için bir parmak ucunu zar zor nemlendirin.

e) Önceden ısıtılmış fırında 10 dakika pişirin, ardından fırın sıcaklığını 350'ye düşürün ve 15-20 dakika daha veya puflar altın rengi kahverengi olana kadar pişirin. Kullanmadan önce soğumaya bırakın.

TIRAMISU KREMASI İÇİN:

a) Mascarpone ve kahve likörünü el mikseri ile orta hızda yaklaşık 30 saniye veya pürüzsüz olana kadar çırpın. Büyük bir kapta veya bir stand mikserinin kasesinde, ağır çırpılmış kremayı orta hızda hafifçe koyulaşana kadar çırpın.

b) Pudra şekerini ekleyin ve sert zirveler oluşana kadar çırpmaya devam edin. Mascarpone karışımını çırpılmış kremaya yavaşça katlamak için lastik bir spatula kullanın. Krema pufları oda sıcaklığına soğuyana kadar buzdolabında bekletin. Doldurmaya hazır olduğunuzda, her kremalı pufun üstüne küçük bir yarık dilimleyin.

c) Tiramisu kremasını yuvarlak uçlu sıkma torbasına doldurun ve her pufta dolana kadar krema ile doldurun. Ganajı yaparken kenarda bekletin.

GANAJ İÇİN:

a) Ağır çırpılmış kremayı buharlaşana kadar mikrodalgada veya ocakta ısıtın. Küçük bir kasede doğranmış çikolatanın üzerine sıcak kremayı dökün ve her şeyi bir plastik örtü ile örtün.

b) 5 dakika sonra, karışımı pürüzsüz olana kadar karıştırın ve her pufun üzerine bir kaşık ganaj dökün. Alternatif olarak, krema puflarını batırabilirsiniz.

c) Ganaj dondukça sertleşecektir, bu yüzden gerektiği kadar hafifçe ısıttığınızdan emin olun.

41. Tatlı Patates Turtası Tiramisu

Yapar: 16 porsiyon

İÇİNDEKİLER:
- 8 ons mascarpone peyniri, yumuşatılmış
- ½ su bardağı toz şeker artı bir yemek kaşığı ayrılmış
- ⅓ fincan kahverengi şeker paketlenmiş
- Şurup içinde 15 ons tatlı patates, süzülmüş ve ezilmiş
- ½ çay kaşığı öğütülmüş tarçın artı garnitür için daha fazlası
- ¼ çay kaşığı öğütülmüş hindistan cevizi
- 2 yemek kaşığı ayrılmış saf vanilya özü
- 2 ½ su bardağı taze çırpılmış krema ayrılmış
- ¼ fincan ılık kahve
- 17.5 ons kedi dili
- 6 zencefilli kurabiye ufalanmış

TALİMATLAR
DOLGU YAPILMASI İÇİN:

a) Mascarpone peynirini ve ½ su bardağı toz şekeri ve tüm esmer şekeri bir stand miksere ekleyin ve pürüzsüz olana kadar çırpın.
b) Daha sonra ezilmiş tatlı patates, tarçın, küçük hindistan cevizi ve 1 yemek kaşığı vanilya özü ekleyin ve iyice karışana kadar çırpın.
c) Son olarak 1 ½ su bardağı çırpılmış kremayı tatlı patates karışımına katlayın ve bir kenara koyun.

TIRAMISU'YU MONTAJ ETMEK İÇİN:

a) Kalan çay kaşığı vanilya özünü kahve ile birlikte bir kaseye ekleyin ve karıştırın.
b) 9 inçlik yay biçimli bir tavanın alt kısmında tam bir kedi dili dizisi düzenleyin.
c) Ilık kahve karışımının ½'sini kedi parmaklarını ıslatmak için üzerine dökün.
d) Ardından, tatlı patates karışımının yarısını alın ve kedi parmaklarının üzerine yayın.
e) Daha sonra, başka bir sıra kedi dili ekleyerek, kedi dili üzerine kahve sosu dökerek ve son olarak tatlı patates karışımının geri kalanını ekleyerek tüm adımları tekrarlayarak başka bir katman oluşturun.
f) Son olarak kalan 1 su bardağı krem şantiyi alıp kalan yemek kaşığı toz şekerle çırpın ve tiramisuların üzerine yayın.
g) Tiramisu'nun üstünü çırpılmış tepesi ve biraz öğütülmüş tarçın üzerine ufalanmış zencefilli şekerlemelerle süsleyin.
h) Kelepçeli kalıbı servis yapmadan önce en az 4 saat buzdolabına koyun.

42. Bardak Klasik Tiramisu

İÇİNDEKİLER:

- 1 kg mascarpone
- 200 gr Süt
- 800 gr %35 yağlı krema
- 200 gr Şeker
- 40 gr Yumurta sarısı
- Montaj için:
- 500 gr kedi dili
- 400 gr Sade kahve
- 80 gr Amaretto acı badem likörü

TALİMATLAR:

a) Süt ile şekeri kaynayana kadar ısıtın ve ocaktan alın.
b) Blender kabında yumurta sarılarını beyazlaşana kadar çırpın, Mascarpone ve kremayı ekleyip çırpılana kadar çırpın.
c) Mus tamamen çırpıldığında, yavaş ve kademeli olarak süt ve şeker karışımına dökün.
d) Sıkma torbasına koyun ve hemen kullanın.
e) 125 ml'lik bardakların altını kaplayacak şekilde iki parça kedi dili yerleştirin.
f) Kahve ve acı badem likörünü karıştırın ve bir sürahi yardımıyla bardaklardaki kekleri tamamen ıslatmadan kahve karışımı ile ıslatın.
g) Bardağı mascarpone mousse ile doldurun ve kenarlara kadar ½ cm boşluk bırakın.
h) Kakao tozu ile toz.

43. **Tiramisu Kek**

İÇİNDEKİLER:

LADYFINGER KEK İÇİN:
- 300 gr Yumurta akı
- 270 gr Şeker
- 160 gr Yumurta sarısı
- 200 gr Un
- 70 gr Mısır nişastası

MASCARPONE VE KAHVE KREMASI İÇİN:
- 500 gr mascarpone
- 215 gr tam yağlı süt
- 126 gr Şeker
- 146 gr Yumurta sarısı
- 100 gr hazır kahve
- 3 gr Jelatin levhalar

MASCARPONE MUSSE İÇİN:
- 474 gr mascarpone
- 120 gr %35 yağlı krema
- 160 gr Şeker
- 160 gr Yumurta sarısı
- 20 gr Süt
- 20 gr Süt
- 6 gr Jelatin levhalar
- 30 gr Krema (%82 yağ)

TALİMATLAR:

LADYFINGERS:
a) Yumurta aklarını şekerle çırpın. Yumurta sarılarını ekleyin. Nişastayı un ile birlikte eleyin ve yavaşca hamura karıştırın. İstenilen büyüklükteki düğmeleri yerleştirin ve 190ºC'de pişirin.
b) Mascarpone ve kahve kreması:
c) Süt, şeker ve yumurta sarısını karıştırıp 85ºC'de pişirin. Daha sonra önceden ıslatmış olacağımız jelatin yapraklarını ve hazır kahveyi ekleyin. Karışımı 50ºC'ye soğumaya bırakın ve Mascarpone'u ekleyin. Bir blender ile emülsifiye edin.

MASCARPONE KÖPÜ:

a) Yumurta sarılarını blenderda çırpın. Şeker ve suyu karıştırın. Pişirin ve 120ºC'ye getirin. Çırpılmış sarıları azar azar ve yavaşça üzerine dökün. Kabarık olmasına izin verin.
b) Sütte çözünmüş jelatin yapraklarını ekleyin. Bir yandan da kremayı Mascarpone ile birlikte çırpın.
c) İki hamuru nazikçe karıştırın. Hemen kullanın.

SUNUM:
a) Kalıbın tabanına mascarpone ve kahve kremasından bir parça yayın. Kahve ve amaretto şurubu ile ıslatılmış kedi dili ile kaplayın.
b) Üzerine mascarpone köpüğünden bir parça daha yerleştirin.
c) Kahve ve amaretto şurubu ile ıslatılmış bir kedi dili diski ile tekrar örtün. Mascarpone köpüğünün geri kalanını yerleştirin ve kakaolu parça ile kaplayın. Kakao tozu ile bitirin.
d) +4ºC'de soğuk tutun.

44. Hamur işleri ve şekerlemelerdeki dolgular için Tiramisu Mousse

İÇİNDEKİLER:

- 500 gr mascarpone
- %35 yağlı 400 gr krema
- 150 gr şeker
- 40 gr yumurta sarısı
- 1 yemek kaşığı hazır kahve
- 15 gr badem likörü Kakao tozu

TALİMATLAR:

a) Bir kaseye yumurta sarılarını şekerle birlikte koyun, benmaride beyazlaşıncaya kadar pişirin, badem likörünü ekleyip birkaç saniye daha çırpın ve benmariden alın.

b) Oda sıcaklığında bekletin ve Mascarpone ve kremayı ekleyin, topaksız pürüzsüz bir krema elde edene kadar karıştırın.

c) Hazır kahveyi ekleyin ve karıştırın.

d) Ağızlıklı sıkma torbasına alıp istediğiniz parçaları doldurun ve üzerine kakao serpin.

45. Çörekotu

İÇİNDEKİLER:
CHURRO TABAN İÇİN:
- 170 gr Un
- 310 gr Su
- 3 gr Tuz
- 1 L Ayçiçek yağı
- **KÖPÜK İÇİN:**
- 500 gr mascarpone
- 240 gr %35 yağlı krema.
- 20 gr yumurta sarısı
- 75 gr şeker
- 50 gr Süt
- 5 gr hazır kahve
- Montaj için:
- 30 gr pudra şekeri
- 20 gr kakao tozu

TALİMATLAR:
Churro üssü
a) Unu bir kapta tuzla karıştırın ve ardından suyu kaynatın ve unun üzerine dökün.
b) Bir kaşıkla homojen olana kadar karıştırın ve hamuru ince ağızlı bir churro makinesine koyun.
c) Oval bir şekil oluşturarak doğrudan sıcak yağa dozlayın.
d) Çok kızgın ayçiçek yağında altın rengi alana kadar kızartın. Yağı emici kağıt üzerine boşaltın.
e) Churomisu üssümüz olarak yerleştirin.

Mascarpone köpüğü:
a) Bir kasede yumurta sarısını kahve ve şekerle karıştırın ve sertleşene kadar çırpın.
b) Karışıma Mascarpone ve kremayı ekleyin ve köpük haline gelene kadar çırpın. Havalandırmasını kaybetmemesi için azar azar yapın.
c) Bireysel churro tabanı üzerinde doz
d) Toplantı:
e) Üst kısmı biraz kakao tozu ile tozlayın.

46. Bir fincan tiramisu kırmızı meyveler ile

İÇİNDEKİLER:

- 6 adet kuru kedi dili
- 375 gr mascarpone
- 50 gr Şeker
- 2 yumurta sarısı
- 1 yumurta akı
- 190 gr Çilek
- 100 gr Su
- 75 ml Rom
- Garnitür için ahududu ve yaban mersini

TALİMATLAR:

a) Yumurtaların aklarını sarılarından ayırın ve kenara alın.
b) Bir kapta, pürüzsüz bir krema elde edene kadar şekeri ve Mascarpone'u karıştırın.
c) Yumurta sarılarını teker teker ekleyin ve kuvvetlice karıştırın, likörü ekleyin.
d) Yumurta beyazlarından birini çırpın ve azar azar mascarpone karışımına ekleyin, kenarda bekletin.
e) Ayrı ayrı suyu şeker ve kırmızı meyvelerle birlikte kaynatın, birkaç saniye kaynatın, çıkarın ve ezin, derin bir kaseye koyun ve kekleri bu karışıma batırarak ıslanmalarını sağlayın.
f) Fincanlara kırmızı meyvelerle ıslatılmış kekleri ve ardından mascarpone kremasını yerleştirin.
g) Soğumaya bırakın ve üstüne kırmızı meyvelerle süsleyin.

47. Laktozsuz Tiramisu Turtası

İÇİNDEKİLER:

karamel için
- 150 gr Şeker
- 15 gr Su
- 10 gr Limon suyu

turta için
- 284 gr Mascarpone %0 Laktoz
- 284g Laktozsuz süt
- 270g Yumurta (4 L yumurta)
- 160g Şeker
- 10g hazır kahve

TALİMATLAR:

Karamel:

a) Şeker, limon ve suyu bir tencereye alın.
b) Orta ateşte koyun ve altın rengi olana kadar bırakın.
c) Sıcak karameli dariole kalıbına yerleştirin.

Turta:

a) Mascarpone %0 Laktozu diğer tüm malzemelerle birlikte bir blender yardımıyla karıştırın.
b) Kremalı karışımı karamelize ettiğiniz kalıba dökün ve 150ºC fırında benmari usulü 30 dakika pişirin.
c) Fırından çıkarın ve kalıptan çıkarmadan önce 2 saat buzdolabında bekletin.

48. Laktozsuz Tiramisu Brownie

İÇİNDEKİLER:

- 250 gr mascarpone
- 250 gr şeker
- 200 gr yumurta
- 160g laktoz içermeyen çikolata kaplama (%55)
- 130 gr sade hamur unu
- 130 gr ceviz
- 3 yemek kaşığı hazır kahve (isteğe bağlı)

TALİMATLAR:

a) Yumurtayı şekerle birlikte bir blender kasesine koyun ve iyice karıştırın.
b) Ayrı olarak, çikolata kaplamasını eritin ve Mascarpone %0 Laktoz ile karıştırın.
c) İsteğe bağlı olarak, daha klasik bir tiramisu tadı vermek için bir önceki karışıma önceden hazırlanmış 3 yemek kaşığı kahve ekleyebilirsiniz.
d) Yumurta ve şekerli karışımı çikolata ve mascarpone karışımına ekleyin. Dikkatlice karıştırın.
e) Bitirmek için elenmiş unu kıyılmış cevizlerle birlikte ekleyin. Yağlanmış ve unlanmış bir kalıbı karıştırın ve doldurun.
f) 170ºC'de 30 ile 45 dk arasında pişirin.
g) Soğumaya bırakın ve üstüne kırmızı meyvelerle süsleyin.

49. limonlu tiramisu

İÇİNDEKİLER:

Kırıntı için:
- 300 gr Tereyağı
- 400 gr Şeker
- 400 gr Sade hamur unu
- 5 gr Tuz
- Mascarpone ve limon kreması için:
- 500 gr mascarpone
- 1.250 gr Tam yağlı süt
- 420 gr Şeker
- 210 gr Mısır nişastası
- 550 gr Yumurta sarısı
- 20 gr rendelenmiş misket limonu veya limon kabuğu
- İsviçre kreması için:
- 400 gr Yumurta akı
- 600 gr Şeker

TALİMATLAR:

Parçalanmış taban:
a) Gevrek bir hamur elde edene kadar tüm malzemeleri karıştırın.
b) 160ºC'de 25 dakika pişirin.
c) Hamuru biraz yoğurun ve robot yoğurma makinesinden spiral kol ile geçirerek kir büyüklüğünde küçük parçalar oluşturun.
d) 180 derecede 10 dakika daha pişirin.
e) Oda sıcaklığında tutun.
f) **Mascarpone ve limon kreması:**
a) Nişastayı şeker ve 300 gr süt ile karıştırıp çırpın. Yumurta sarılarını ekleyin.
b) Ayrı bir tencerede Mascarpone'u kalan süt ve limon kabuğu ile birlikte kaynayana kadar ısıtın, şeker karışımını ekleyin ve tekrar kaynayana kadar karıştırın.
c) ateşten çıkarın
d) Soğurken topaklanmaması için karıştırın.
e) Soğuyunca sıkma torbasına alın.

İsviçre beze:

a) Her şeyi bir çift kazanda ısıtmak için bir araya getirin ve karışım 55ºC'ye ulaşana kadar karıştırın.
b) Karıştırıcıya yerleştirin ve yüksek hızda soğuyana kadar karıştırın ve çırpın.
c) Bir sıkma torbasına koyun.

Toplantı:
a) Bir bardağın veya fincanın dibine kekik koyun.
b) Mascarpone ve limon kreması ile doldurun.
c) Süslemek için bezeyi kremanın üzerine serpiştirin. (Ayrıca kızartılmış bir dokunuş vermek için yakılabilir).
d) Yüzeye kireç kabuğu rendeleyin.

50. Matcha çayı, elma ve misket limonu ile tiramisu

İÇİNDEKİLER:

Bisküvi tabanı için
- 5 Yumurta akı
- 3 Yumurta sarısı
- 85 gr Un
- 1 çay kaşığı mısır nişastası
- 75 gr Şeker
- pudra şekeri

Mascarpone kreması için
- 250 gr Mascarpone %0 Laktoz
- 200ml Laktozsuz krema
- 3 Yumurta akı
- 2 yemek kaşığı şeker

Matcha çayı şurubu için
- 250 ml Su+50 ml Su
- 100 gr Şeker
- 7 gr Matcha çayı

Tamamlayıcılar:
- 2 Granny Smith Elma
- 2 limon

TALİMATLAR:

Bisküvi tabanı için:

a) Fırını 200ºC'ye önceden ısıtın.
b) Yumurta aklarını şekerle sertleşene kadar çırparak bir Fransız beze yapın. Yumurta sarılarını ekleyin.
c) Unu mısır nişastasıyla eleyin ve önceki karışıma ekleyin. Hamuru yuvarlak uçlu sıkma torbasına doldurun ve yağlı kağıt üzerinde hamurdan şeritler yapın (birbirine yapışmış). 8-10 dakika pişirin.

Mascarpone kreması için:

d) Bir İsviçre bezesi hazırlayın, yumurta aklarını (bir çift kazanda) şekerle dokunana kadar şeker eriyene ve fark edilmeyene kadar ısıtın. Beyazları bir kaseye dökün ve sertleşene kadar çırpın. Mascarpone %0 laktozu krema ile (çırpmadan) karıştırın ve bu karışımı sarma hareketleriyle İsviçre bezesine ekleyin. Buzdolabında saklayın.

şurup için:

e) 50 ml su ve 7 gr matcha çayı ile bir matcha çayı infüzyonu hazırlayın.
f) 200 ml suyu şekerle 80ºC'ye ulaşana kadar ısıtın.
g) Matcha çayı infüzyonunu ekleyin ve dinlenmeye bırakın.

Sunum:

h) Matcha çayı şurubu ile ıslatılmış bir kedi dili tabanı alın. Üstte, mascarpone kremasını Granny Smith yeşil elma ile değiştirin. Üstüne bir parça krema ve limon kabuğu rendesi ile bitirin.

51. Tiramisu Whoopie Pies

Yapar: 6 porsiyon

İÇİNDEKİLER:
KURABİYE:
- 2 su bardağı badem unu
- 3 yemek kaşığı tatlandırılmamış peynir altı suyu proteini
- ½ su bardağı Monk Meyve Granül Tatlandırıcı
- 2 çay kaşığı kabartma tozu
- ½ çay kaşığı kabartma tozu
- ½ çay kaşığı tuz
- ½ su bardağı tereyağı küçük küpler halinde kesilmiş
- ½ su bardağı düşük karbonhidratlı şeker ikamesi veya ½ su bardağı en sevdiğiniz düşük karbonhidratlı tatlandırıcı
- 2 büyük yumurta
- 1 çay kaşığı vanilya özü
- ½ su bardağı tam yağlı ekşi krema
- üzerine serpmek için kakao tozu

DOLGU:
- ¼ fincan soğuk espresso kahve veya sert kahve
- İsteğe bağlı olarak 1 yemek kaşığı koyu rom veya seçtiğiniz likörle alt
- 8 ons mascarpone peyniri
- 2 yemek kaşığı düşük karbonhidratlı şeker yerine
- bir tutam tuz
- ½ fincan ağır krema
- 2 çay kaşığı vanilya özü
- 2 çay kaşığı koyu rom isteğe bağlı veya seçtiğiniz likörle alt

TALİMATLAR:

a) Fırını 350 ° F'ye ısıtın. Whoopie turta tepsisine yapışmaz sprey püskürtün.
b) Badem unu, protein tozu, esmer şeker tatlandırıcı, kabartma tozu, kabartma tozu ve tuzu bir kapta karıştırın. Kenara koyun.
c) Tereyağı ve şekeri mikserle orta-yüksek hızda krema kıvamına gelene kadar çırpın; yaklaşık 2 dakika. Yumurtaları ve 1 çay kaşığı vanilyayı ekleyip karışana kadar çırpın. Kasenin kenarlarını kazıyın. Ekşi krema ekleyin, ardından karışımı kurutun.
d) Küçük bir çay kaşığı kullanarak, hamuru her boğmaca pasta kalıbına boşaltın ve boşluğun yaklaşık ⅔'ünü doldurun. Küçük bir süzgecin içine biraz kakao tozu koyun ve her hamur kepçesinin üzerine biraz kakao tozu serpin.
e) Kenarlar altın rengi olana kadar yaklaşık 10-12 dakika pişirin.
f) Tel ızgara üzerinde yaklaşık 10 dakika soğutun, ardından kurabiyeleri tavadan çıkarın ve soğumaya bırakın.
g) Soğuduktan sonra, kurabiyeleri rafta ters çevirin.
h) Küçük bir kasede espresso ve 3 yemek kaşığı koyu romu karıştırın. Her kurabiyenin alt tarafına yaklaşık ¼ çay kaşığı espresso sıvısı yayın.
i) Mascarpone peyniri, düşük karbonhidratlı şeker ikamesi, tuz, ağır kremalı vanilya ve 1 T. koyu romu bir mikser ile pürüzsüz olana kadar çırpın. Kurabiyelerin çikolatalı yarısının üzerine mascarpone peynirli karışımdan biraz koyun. Kurabiyelerin diğer yarısını üstüne yerleştirin.
j) Hemen servis yapın veya buzdolabına koyun.

52. oreo tiramisu

Yapar: 6 Porsiyon

İÇİNDEKİLER:
- 6 yumurta sarısı
- ½ su bardağı çok ince şeker
- 2 fincan espresso
- 2 çay kaşığı saf vanilya özü
- Oda sıcaklığında 16 ons mascarpone peyniri
- 2 su bardağı krem şanti
- 32 Oreo
- Üzerine serpmek için 2 yemek kaşığı şekersiz kakao

TALİMATLAR:
a) Cam bir kasede yumurta sarılarını toz şekerle karıştırın ve kaseyi kaynar su dolu bir tencerenin üzerine oturtun.
b) Yumurta sarısı ve şekeri, yumurta karışımı 160°F'ye ulaşana kadar 8-10 dakika çırpmaya devam edin.
c) Şeker eriyecek ve karışımda artık şeker granülleri görmeyeceksiniz.
d) Ateşten alın ve biraz soğumaya bırakın. Bu, yumurtaları pastörize etmek için yapılır.
e) Ayrı bir kapta, bir elektrikli karıştırıcı kullanarak mascarpone ile vanilyayı kremsi ve iyice karışana kadar çırpın. Ilık yumurta sarısı karışımını çırpın ve bir kenara koyun.
f) Ayrı bir kapta, taze ağır kremayı orta zirvelere kadar çırpın, ardından mascarpone karışımına yavaşça katlayın.
g) Oreo'yu kahveye batırmanın en kolay yolu orta boy bir kase kullanmaktır.
h) Oreoları hızlıca daldırın ve 8 inçlik kare bir tavada tek bir katman halinde düzenleyin.
i) Muhallebi kremasının yarısını Oreos'un ilk katına yayın, ardından başka bir kat Oreos'a batırın ve son olarak kalan muhallebi kremasını üzerine yayın.
j) Üzerini streçle kapatıp buzdolabında en az 3-4 saat, tercihen bir gece dinlendirin.
k) İnce gözenekli bir süzgeç kullanarak, servis yapmadan hemen önce üstünü cömertçe kakao tozu ile tozlayın.
l) 12 parçaya bölün ve servis yapın.

53. **Amaretto tiramisu**

Yapar: 8 Porsiyon

İÇİNDEKİLER:
- 8 ons Neufchatel krem peynir; oda sıcaklığında
- ⅓ su bardağı Şeker
- 5 yemek kaşığı Amaretto likörü
- ½ çay kaşığı vanilya
- 3 su bardağı Yağı azaltılmış, süt ürünü olmayan çırpılmış sos; 8 oz.
- 24 Ladyparmak; (7 oz. paket)
- ¾ fincan sert kahve
- ¼ su bardağı şekersiz kakao tozu
- 1 yemek kaşığı pudra şekeri
- 2 yemek kaşığı dilimlenmiş beyazlatılmış badem

TALİMATLAR:
a) Krem peynir ve şekeri orta boy bir kapta hafif ve kremsi olana kadar 3-4 dakika çırpın. Amaretto ve vanilyayı çırpın. Çırpılmış tepeyi krem peynir karışımına katlayın. Kedi parmaklarının yarısını, 9x9" güveç kabı gibi tek bir katmanda tutacak kadar büyük bir tabağa yerleştirin.

b) Kahvenin yarısını serpin. Krem peynir karışımının yarısını pürüzsüz bir şekilde yayın. Kakaonun yarısını serpin. Kalan kedi dillerini kakaonun üzerine dizin. Kalan kahveyi serpin. Kalan krem peynir karışımı ile üstünü düzeltin. Kalan kakao ile serpin.

c) Örtün ve en az 4 saat veya tercihen gece boyunca soğutun. Pudra şekeri ve dilimlenmiş badem serpin.

54. meyveli tiramisu

Yapar: 4 porsiyon

İÇİNDEKİLER:
- 1 su bardağı taze ahududu
- 1 su bardağı taze yaban mersini
- 1 su bardağı taze böğürtlen
- 1 su bardağı dilimlenmiş çilek
- 1 su bardağı Şeker
- bir limonun suyu
- 2 pint ağır krema
- 8 ons Mascarpone peyniri
- ½ su bardağı Pudra şekeri
- 1 adet hazır pandispanya,
- (9\"x9\"x2\"), 3'e bölünmüş
- Katmanlar
- 1 bardak Chambord likörü
- ½ su bardağı Frambuazlı sos
- taze nane dalları
- Shaker'da pudra şekeri

TALİMATLAR:

a) Bir karıştırma kabında, tüm meyveleri şeker ve limon suyuyla birleştirin. Bir çatalla, meyvelerin ¼'ünü kasenin kenarına doğru hafifçe ezin. Meyveleri 1 saat bekletin. Bir elektrikli karıştırıcı kullanarak, kremayı sert zirveler oluşana kadar çırpın. Bir karıştırma kabında, çırpılmış kremanın yarısını pudra şekeri ile birlikte Mascarpone peynirine ekleyin. Krema tamamen karışana kadar karıştırın. Birleştirmek için, pandispanyanın bir katını kalıbın tabanına yayın.

b) Katmanı Chambord ile fırçalayın.

c) Peynirli karışımın ⅓'ünü pandispanyanın üzerine yayın. Tüm kek ve peynir karışımı kullanılana kadar işlemi tekrarlayın. Ayrılmış krem şantiyi pastanın üstüne yayın. Pastanın yaklaşık 1 saat ayarlanmasına izin verin. Tabağa bir dilim tiramisu koyun.

d) Frambuazlı sos, taze nane ve pudra şekeri ile süsleyin.

55. Restoran tiramisu'dan daha iyi

Yapar: 1 Porsiyon

İÇİNDEKİLER:

- 8 büyük yumurta sarısı
- ¾ su bardağı Şeker
- 3 pound mascarpone peyniri
- 5 büyük Yumurta akı sertçe dövüldü
- ¾ fincan sert kahve
- ⅓ fincan Marsala
- 50 Bayan parmağı - 5 adet.
- ¼ su bardağı çikolata veya cips
- 1½ pint krem şanti

TALİMATLAR:

a) Yumurta sarılarını ve şekeri mikser kabında koyulaşıp soluk sarı olana kadar çırpın.
b) Kaynayan su ile çift kazanın üzerine yerleştirin ve sürekli karıştırarak 8 dakika pişirin.
c) Ateşten alın, peynir tamamen karışana kadar katlayın.
d) Çırpılmış krema ve yumurta aklarını katlayın.
e) Kahve ve Marsala'yı birleştirin.
f) 10 x 14 tavada, ladyfinger'ı katmanlayın, ardından kahve ve Marsala ile fırçalayın.
g) Üzerine peynir ve krem şanti karışımının yarısını yayın.
h) Ladyfinger ile başka bir katman yapın, kahve ve Marsala ile fırçalayın veya daldırın.
i) Kalan peynir ve çırpılmış krema ve beyaz karışımını yayın.
j) Üzerine çikolata rendeleyin.
k) Plastik örtü ile örtün (kürdan ile destekleyin).
l) Birkaç saat veya gece boyunca soğutun. Buzdolabında 4-5 gün saklanır.

56. kiraz tiramisu

Yapar: 8 porsiyon

İÇİNDEKİLER:
- 12 Ladyfinger Kurabiye
- ⅔ fincan Espresso
- 3 büyük Yumurta; oda sıcaklığında
- 3 yemek kaşığı şeker
- 1 su bardağı krem şanti
- ¼ su bardağı Pudra Şekeri
- 2 yemek kaşığı Limon Suyu
- 4 ons Semisweet Çikolata; ince doğranmış
- 1 su bardağı Tatlı Kiraz; Çukurlu

TALİMATLAR:

a) Kurabiyeleri mumlu kağıt üzerinde tek kat olacak şekilde düzenleyin; espresso ile eşit şekilde gezdirin. Kenara koyun. Bir elektrikli karıştırıcı kullanarak, büyük bir kapta yumurtaları ve şekeri yüksek hızda koyulaşana ve soluklaşana kadar çırpın; kenara koymak Derin, soğutulmuş bir kapta krema, pudra şekeri ve limon suyunu birleştirin; katılaşana kadar yüksek hızda çırpın. Krema karışımını yumurta karışımına katlayın.

b) Çerezlerin yarısını geniş, 2 litrelik bir cam kasenin dibine yerleştirin.

c) Krema karışımının yarısını kaplayın, ardından çikolatanın yarısını eşit şekilde serpin. Kalan kurabiyeler, krema karışımı ve çikolata ile süsleyin.

d) Örtün ve en az 1 saat veya 3 saate kadar soğutun. Çilekleri tabağın kenarına dizin. Takozlar halinde kesin, ardından geniş bir servis kaşığı ile kaldırın.

57. Delaurenti'nin tiramisu

Yapar: 1 Porsiyon

İÇİNDEKİLER:
- 1 su bardağı Şeker
- 6 Yumurta; ayrılmış
- 1 kilo mascarpone peyniri
- 2 7 ons paket kurutulmuş kedi dili - (yaklaşık 24)
- 2 fincan Demlenmiş espresso
- şekersiz öğütülmüş kakao; toza
- 1 küçük Semisweet çikolata; Tıraş etmek

a) Bir kapta, şeker ve yumurta sarısını birlikte çırpın. Azar azar mascarpone ekleyin ve karışım krema kıvamına gelene kadar karıştırmaya devam edin. Başka bir kapta, yumurta aklarını beze kıvamına (sert zirveler) kadar çırpın.
b) Bezeyi dikkatlice mascarpone karışımına katlayın.
c) 8'e 8 inçlik bir tavanın veya cam servis tabağının tabanını hizalamak için yeterince kedi dili veya bisküviyi demlenmiş espressoya hızlı ve hafifçe batırın.
d) Kedi parmaklarını veya bisküvileri mascarpone karışımının yarısı ile kaplayın, ardından kakao ve çikolatanın tamamen tozunu alın.
e) Katmanlama işlemini tekrarlayın. (Daha az sulu bir tatlı tercih ederseniz, katları üçe bölebilir veya kedi parmaklarınızı daha da hızlı batırabilirsiniz...) 3. Bir kez toplandıktan sonra, malzemelerin oturması için tavayı hafifçe sallayın.
f) Servis yapmadan önce en az iki saat soğutun (bir gecede tercih edilir).
g) Porsiyonlar halinde kesin ve servis yapın.

58. Kolay muzlu tiramisu

Yapar: 12 porsiyon

İÇİNDEKİLER:
1½ su bardağı Süt; az yağlı
2 yemek kaşığı granül kahve
1 paket Krem peynir; 8 oz
1 paket vanilyalı puding; 4 kişilik
. boyut
2 su bardağı Dondurulmuş süt içermeyen çırpılmış
. Süsleme; çözülmüş
3 orta boy Olgun muz; dilimlenmiş
6 ons Ladyfingers; bölünmüş ve kesilmiş
. yarısında
1½ ons Semisweet çikolata; rendelenmiş
1 Muz; dilimlenmiş (isteğe bağlı)
Çikolata talaşı (isteğe bağlı)
GARNİTÜR

Süt ve kahveyi kahve neredeyse eriyene kadar karıştırın.

Krem peynir ve şekeri büyük bir kapta pürüzsüz ve karışana kadar çırpın. Puding karışımını ekleyin; pürüzsüz ve karışana kadar yavaş yavaş kahve karışımını çırpın. Çırpılmış malzemeyi ve üç dilimlenmiş muzu sadece karışana kadar hafifçe karıştırın.

3-litrelik bir güveç çanağının dibinde ve yanlarında kedi dilinin ⅓ tabakası; krema karışımının ⅓'ünü eşit bir şekilde kaşıklayın ve rendelenmiş çikolatanın ½'sini serpin. Krema karışımı ile biten katmanları tekrarlayın. Servis yapmadan önce en az 1 saat soğutun.

İstenirse ilave dilimlenmiş muz ve çikolata talaşı ile süsleyin.

59. Emeril's berry tiramisu

Yapar: 12 porsiyon

İÇİNDEKİLER:
- 1 su bardağı taze ahududu
- 1 su bardağı taze yaban mersini
- 1 su bardağı taze böğürtlen
- 1 su bardağı dilimlenmiş çilek
- 1 su bardağı şeker
- 1 adet limonun suyu
- 2 pint ağır krema
- 8 ons mascarpone peyniri
- ½ su bardağı pudra şekeri
- 1 adet pandispanya; içine dilimlenmiş
- 1 üç katman
- 1 bardak Chambord likörü
- ½ fincan ahududu sosu
- Süslemek için 1 nane yaprağı

TALİMATLAR:

a) Bir karıştırma kabında, tüm meyveleri şeker ve limon suyuyla birleştirin. Bir çatalla, meyvelerin ¼'ünü kasenin kenarına doğru hafifçe ezin. Meyveleri 1 saat bekletin. Bir elektrikli karıştırıcı kullanarak, kremayı sert zirveler oluşana kadar çırpın. Bir karıştırma kabında, çırpılmış kremanın yarısını pudra şekeri ile birlikte Mascarpone peynirine ekleyin. Krema tamamen karışana kadar karıştırın. Birleştirmek için, pandispanyanın bir katını kalıbın tabanına yayın.

b) Katmanı Chambord ile fırçalayın. Peynirli karışımın ⅓'ünü pandispanyanın üzerine yayın. Tüm kek ve peynir karışımı kullanılana kadar işlemi tekrarlayın. Ayrılmış krem şantiyi pastanın üstüne yayın. Pastanın yaklaşık 1 saat ayarlanmasına izin verin. Tabağa bir dilim tiramisu koyun. Frambuazlı sos, taze nane ve pudra şekeri ile süsleyin.

60. Dondurulmuş fındık-mandalina tiramisu

Yapar: 12 Porsiyon

İÇİNDEKİLER:
- ½ bardak) şeker
- ¼ bardak Su
- 1 su bardağı kavrulmuş fındık
- 1 su bardağı taze mandalina suyu (yaklaşık 3 mandalinadan)
- 13 ons Şeker
- 8 büyük yumurta sarısı
- 13 ons Su
- ½ su bardağı krem şanti
- 1 yemek kaşığı rendelenmiş mandalina kabuğu
- 2 8,8 ons kap Mascarpone peyniri veya 16 ons çırpılmış krem peynir
- 7 yemek kaşığı Grand Marnier veya diğer portakal likörü
- 5 çay kaşığı hazır espresso tozu veya hazır kahve tozu
- 3 (yaklaşık) 4,4 onsluk paketler Şampanya bisküvileri (4 inç uzunluğunda uğur böceği benzeri bisküviler)
- Şekersiz kakao tozu
- Mandalina dilimleri (ops.)

TALİMATLAR:
PRALİN DOLUM

PRALİN İÇİN:
a) Fırın tepsisini hafif yağlayın. Ağır orta boy tencerede şeker ve suyu orta ateşte şeker eriyene kadar karıştırın. Isıyı arttırın ve şurup koyu kehribar rengine dönene kadar karıştırmadan kaynatın, ara sıra suya batırılmış pasta fırçası ve tavayı döndürerek tavanın kenarlarını fırçalayın.
b) Fındıkla karıştırın. Hazırlanan kağıda dökün; Serin. Pralini iri iri doğrayın.

DOLDURMAK İÇİN:
a) Mandalina suyunu ağır büyük bir tencerede ¼ C'ye düşene kadar yaklaşık 12 dakika kaynatın. Kenara koyun. 1 C şeker ve yumurta sarısını büyük metal bir kapta çırpın. 1 C suda çırpın.

Kaseyi kaynayan su tenceresinin üzerine yerleştirin ve şeker termometresi 180F'yi (yaklaşık 5 dakika) kaydedene kadar sürekli çırpın. Fazla sudan çıkarın. Elektrikli karıştırıcı kullanarak, karışımı soğuyana kadar yaklaşık 5 dakika çırpın. Mandalina suyu, krema ve kabuğu karıştırın. Mascarpone ve 2 yemek kaşığı Grand Marnier'i ekleyin ve pürüzsüz olana kadar çırpın. 1 C pralini katlayın (kalan pralini başka bir kullanım için ayırın). Bisküvi hazırlarken dolguyu soğutun.

b) Plastik sargılı 2¾ inç yüksekliğinde kenarları olan 9 inç çapında yay biçimli tava. Kalan 10 T şeker, 10 T su ve espresso tozunu ağır küçük tencerede şeker eriyene kadar kısık ateşte karıştırın.
c) 5 yemek kaşığı Grand Marnier ile karıştırın. Soğuk şurup.
d) Keskin bir bıçak kullanarak 1 bisküviyi 3 inç uzunluğunda kesin. Bisküviyi her bir tarafı için 10 saniye şuruba batırın. Yuvarlatılmış uç yukarı ve şekerli tarafı hazırlanan tavanın yan tarafına yerleştirin. Tava kenarlarını kaplamak için gerektiği kadar bisküvi ile tekrarlayın. Bisküvileri biraz daha şerbete batırın ve tepsinin tabanına tamamen kaplayacak şekilde yerleştirin. Doldurmanın yarısını tavaya dökün. Bisküvilerin geri kalanını her bir taraf için 10 saniye şuruba batırın; tamamen kaplayacak şekilde dolgunun üzerine yerleştirin. Kaşığın üzerine kalan dolum yapılır.
e) En az 8 saat dondurun.
f) Tava kenarlarını kekten ayırın. Plastiği aşağı katlayın. Tatlının üzerine kakao eleyin, arzuya göre mandalina dilimleri ile süsleyin.

61. Dondurulmuş tiramisu sundae

Yapar: 4 Porsiyon

İÇİNDEKİLER:
- 1½ su bardağı krem şanti
- 2 yemek kaşığı pudra şekeri
- 6 ons Mascarpone peyniri veya krem peynir; yumuşatılmış
- 1⅔ su bardağı Ufalanmış kedi dili
- ¼ fincan Soğuk; ekstra güçlü demlenmiş kahve veya espresso
- 4 yemek kaşığı Koyu rom
- 8 top kaliteli kahveli dondurma
- ¼ bardak Tıraşlı bitter çikolata
- Süslemek için çikolata sosu
- Garnitür için çikolata bukleler

TALİMATLAR:

a) Kremayı büyük bir kapta elektrikli mikser ile köpürene kadar çırpın. Yumuşak zirveler oluşana kadar pudra şekerini çırpın.

b) Krem şantiyi kahve filtresi veya tülbent ile kaplanmış büyük bir tel süzgecin içine aktarın; süzgeci bir kasenin üzerine yerleştirin. Birkaç saate kadar soğutun; (toplanmaya veya servis edilmeye hazır olana kadar).

c) Peyniri küçük bir kaseye koyun; hafif ve kabarık olana kadar elektrikli karıştırıcı ile çırpın. Pürüzsüz ve hafif olana kadar çırpılmış kremanın yaklaşık ½'sini çırpın.

d) Birleştirmek için, ufalanmış kedi parmaklarını 4 servis tabağına bölün.

e) Her birine 1 yemek kaşığı kahve ve ½ ila 1 yemek kaşığı koyu rom serpin. Her birinin üzerine ¼ peynir karışımı ve 2 kaşık kahveli dondurma ekleyin. Servis yapmadan önce bir saate kadar dondurun.

f) Servis yapmak için, kalan krem şantiyi ½ inçlik yıldız uç takılmış bir sıkma torbasına kaşıkla koyun (ya da üzerine bir kaşıkla krem şantiyi doldurun!).

g) Her porsiyonun üzerine biraz çikolata sosu dökün. Hepsinin üzerine biraz çırpılmış krema sıkın veya kaşıklayın; 1 yemek kaşığı rendelenmiş çikolata serpin. Çikolatalı bukle ile süsleyin ve hemen servis yapın.

62. Orman meyveleri tiramisu

Yapar: 6 porsiyon

İÇİNDEKİLER:
- 600 mililitre Çift krema; (1 pint)
- 250 gram Mascarpone peyniri; (9 ons)
- 8 yemek kaşığı Pudra şekeri
- 6 yumurta sarısı
- 1¼ litre Sıcak koyu kahve; (2 pint)
- 1 yemek kaşığı Marsala şarabı
- 1 yemek kaşığı Tia Maria likörü
- 450 gram Savoiardi bisküvi; (1 pound)
- 450 gram Taze orman meyveleri; (Ahududu,
- ; çilekler,
- ; kırmızı kuş üzümü vb.)
- ; (1 pound)

TALİMATLAR:
a) Kremayı, mascarpone peyniri ve pudra şekerinin yarısı ile bir kaseye alın. Şeker eriyene ve krema kalınlaşana kadar iyice çırpın.

b) Başka bir kapta yumurta sarılarını kalan şekerle iyice koyu, hafif ve kabarık olana kadar yaklaşık 10 dakika çırpın. Büyük bir metal kaşık kullanarak yumurta sarısı karışımını mascarpone peynirine ekleyin. Kahve, Marsala ve Tia Maria'yı sığ bir kapta karıştırın.

c) Tiramisu'yu bir araya getirmek için mascarpone karışımının üçte birini 7,5 cm (3 inç) derinliğinde 1⅗ litrelik (3 pint) bir tabağın dibine koyun. Bisküvileri tek tek alarak bisküvilerin yarısını kahveli karışıma batırın ve mascarpone un üzerine tek sıra olacak şekilde dizin. Meyvelerin yarısı ile doldurun.

d) Mascarpone karışımının üçte birini meyvelerin üzerine dökün ve kalan kahve karışımı ile ıslatılmış bisküvileri üzerine kapatın.

e) En üste kalan mascarpone karışımını yayın ve kalan meyvelerle süsleyerek süsleyin. Tiramisu'nun üzerini streç film ile kapatıp buzdolabında en az 6 saat dinlendirip servis yapın. Soğutulmuş hizmet.

63. Godiva tiramisu

Yapar: 12 porsiyon

İÇİNDEKİLER:
- 5 ons Godiva Likörü, bölünmüş
- 20 Ladyparmak
- 1 kilo mascarpone peyniri
- 4 ons Bitter Çikolata, rendelenmiş
- ½ fincan Espresso
- 2 Yumurta, ayrılmış
- ⅓ su bardağı Pudra Şekeri

TALİMATLAR:
a) 3 oz Godiva Likörü ile espressoyu karıştırın.
b) Kedi dillerini kahveye batırın ve tek sıra olacak şekilde sığ fırın tepsisine dizin.
c) Kalan sıvı ile örtün. Kalan likör üzerine mascarpone peyniri, yumurta sarısı ve şekeri pürüzsüz olana kadar çırpın.
d) Yumurta aklarını sertleşene kadar çırpın; peynir karışımına katlayın.
e) Kedi parmaklarının üzerine peynir dökün; çikolata serpin ve bir gece buzdolabında bekletin.

64. Dondurulmuş tiramisu

Yapar: 8 Porsiyon

İÇİNDEKİLER:
- 10¾ ons Pound kek
- ⅓ fincan Espresso, soğutulmuş
- 2 litre Kahve donmuş yoğurt, yumuşatılmış
- 1 litre çikolatalı donmuş yoğurt, yumuşatılmış
- 2 bardak Soğuk Kırbaç
- ¾ bardak Hafif krem peynir
- 2 yemek kaşığı pudra şekeri
- ¾ çay kaşığı vanilya
- rendelenmiş çikolata
- Sıcak çikolata sosu

TALİMATLAR:
a) 9 x 5 inçlik bir ekmek tepsisini plastik sargıyla kaplayın. Pişen keki yatay olarak dört dilime kesin.
b) Bir pound kek tabakasını somun tepsisine yerleştirin ve sığdırmak için kırpın. Espresso'nun üçte birini serpin. Kahveli dondurmanın yarısını üstüne koyun ve yüzeyi düzleştirin.
c) Bu arada, bir kapta, hafif krem peyniri orta hızda çırpılmış gibi görünene kadar çırpın. Pudra şekeri ve vanilyayı ekleyin. Dahil olana kadar karıştırın.
d) Çırpılmış kremada çırpın. Plastik sargıyla örtün ve daha sonraya kadar soğutun. Servis yapmak için, tiramisuyu çıkarmak için somun tavasını ters çevirin ve plastik sargıyı soyun. Hafifçe yumuşamasına izin verin

65. Mocha mambo tiramisu keki

Yapar: 8 porsiyon

İÇİNDEKİLER:
- 1 paket (10.75 oz) donmuş yağı azaltılmış kek; çözülmüş
- ⅓ fincan Soğutulmuş Starbucks® espresso veya çift sert kahve
- 1 litre Starbucks Az Yağlı Mocha Mambo Dondurması; yumuşatılmış
- 2 çay kaşığı İnce öğütülmüş Starbucks espresso veya kahve
- 2 su bardağı yağsız donmuş çırpılmış tepesi
- Süslemek için 8 adet çikolata kaplı kahve çekirdeği; (isteğe bağlı)

TALİMATLAR:
a) 9x5 inç somun tavasını plastik sargı ile hizalayın. Pişen keki yatay olarak dört dilime kesin. Gerekirse keki sığdırmak için bir pound kek tabakasını somun tepsisine yerleştirin.
b) ⅓ fincan soğutulmuş espresso veya kahvenin üçte biri ile keki gezdirin; sade keki eşit şekilde kaplamak için ⅓ litre Starbucks Az Yağlı Mocha Mambo Dondurması yayın; kalan kek, espresso ve dondurma ile iki kez tekrarlayın, sade kekle bitirin (4 kat kek ila 3 kat dondurma).
c) Pastayı örtün ve sertleşene kadar (yaklaşık 2-3 saat) dondurun.
d) Servis yapmak için somunu ve plastik ambalajı tavadan çıkarın. İnce öğütülmüş espressoyu çırpılmış malzemeye karıştırın. Ekmeğin üstünü ve kenarlarını karışımla kaplayın.
e) Çikolata kaplı kahve çekirdekleri ile süsleyin.

66. Le latini'nin tiramisu

Yapar: 14 porsiyon

İÇİNDEKİLER:
- ½ fincan Double Strength Espresso
- 2 yemek kaşığı Konyak
- ¼ bardak Amaretto
- 20 Savoyard Bisküvi
- 2 su bardağı mascarpone peyniri
- 7 Yumurta, ayrılmış
- ½ bardak) şeker
- 1 Kare Bitter Çikolata
- 25 İtalyan Amaretto Bisküvi

Porsiyon: 14

TALİMATLAR:
a) Mascarpone peyniri kabarana kadar çırpılmalıdır. Bitter çikolata karesini rendeleyin.
b) Sığ bir kapta kahve, konyak ve amaretto'nun yarısını karıştırın. Her bir Savoyarde bisküvisini kahve karışımına batırın ve hemen 3 litrelik dikdörtgen bir pişirme kabına (13 x 9 inç) şeker tarafı yukarı gelecek şekilde yerleştirin. Kalan espresso karışımını ayırın. Kahveye batırılmış bisküvi tabakası tabağın altını kaplamalıdır.
c) Yumurta aklarını zirveleri tutana kadar çırpın; kenara koymak
d) Yumurta sarılarını limon rengi alana kadar çırpın. Yavaş yavaş şeker ekleyin ve şekerin tamamı eklenene kadar çırpmaya devam edin.
e) Mascarpone peynirini ekleyin.
f) Rendelenmiş çikolatayı ve amaretto'nun geri kalanını karıştırın.
g) Sert bir şekilde çırpılmış yumurta aklarını yavaşça katlayın.
h) Karışımı Savoyarde bisküvilerinin üzerine dökün.
i) Amaretto bisküvileri espresso karışımına batırın ve yerleştirin.

67. limonlu tiramisu

Yapar: 1 Porsiyon

İÇİNDEKİLER:
- ⅓ su bardağı Dondurulmuş ananas-portakal-çilek suyu konsantresi, çözülmüş
- 3 yemek kaşığı Portakal aromalı likör veya portakal suyu
- 1 su bardağı hafif ricotta peyniri
- ½ paket (8 oz.) 1/3-az yağlı krem peynir (Neufchatel), yumuşatılmış
- 1 kutu (15.75 oz.) limonlu turta dolgusu
- 2 paket (3 oz.) kedi dili, bölünmüş
- 1 litre (2 su bardağı) dilimlenmiş taze çilek
- ½ pint (1 su bardağı) taze ahududu

Hazırlama süresi: 25 dakika

TALİMATLAR:
a) Küçük bir kapta, meyve suyu konsantresini ve likörü birleştirin; iyi karıştırın. Kenara koyun.
b) Elektrikli karıştırıcılı büyük bir kapta ricotta peyniri ve krem peyniri orta hızda pürüzsüz olana kadar çırpın. Pasta dolgusu ekleyin; ara sıra kasenin kenarlarını kazıyarak iyice karışana ve kabarık olana kadar çırpın.
c) 12x8 inçlik (2 quart) pişirme kabının altını kedi dilinin yarısı, kesik tarafı yukarı gelecek şekilde hizalayın. Kedi parmaklarını meyve suyu konsantresi karışımının yarısı ile fırçalayın.
d) Limon dolgusunun yarısını kedi dillerinin üzerine eşit şekilde yayın. Her birinin yarısını çilek ve ahududu ile doldurun. Katmanları tekrarlayın. Servis zamanına kadar soğutun. Buzdolabında saklayın.

68. Az yağlı tiramisu

Yapar: 9 Porsiyon

İÇİNDEKİLER:
- ½ bardak) şeker
- 1 su bardağı yağsız süzme peynir
- 1 su bardağı Yağsız ekşi krema alternatifi
- 2 yemek kaşığı Koyu rom
- 1 karton (8 ons) vanilyalı az yağlı yoğurt
- 1 paket (8 ons) neufchatel peyniri
- 1¼ bardak Sıcak su
- 1 yemek kaşığı artı
- ½ çay kaşığı Instant espresso kahve granülleri
- 40 Ladyparmak
- ½ çay kaşığı şekersiz kakao

TALİMATLAR:
a) İlk 6 malzemeyi bıçaklı mutfak robotuna koyun ve pürüzsüz olana kadar işleyin; kenara koymak
b) Küçük bir kasede sıcak su ve espresso granüllerini birleştirin. Kedi dillerini uzunlamasına ikiye bölün. Yarımlardan 20 tanesini hızlıca espressoya batırın, kesik tarafı aşağı gelecek şekilde 9 inçlik kare bir pişirme kabının dibine daldırılmış tarafı aşağı gelecek şekilde yerleştirin.
c) 20 adet daha kedi parmağı yarısını, kesilmiş tarafı aşağı gelecek şekilde espressoya batırın ve batırılmış tarafı aşağı gelecek şekilde ilk katın üstüne yerleştirin. Peynir karışımından 2 C kadar kedi dilinin üzerine eşit şekilde yayın. Kalan kedi dili yarımları, espresso ve peynir karışımı ile işlemi tekrarlayın.
d) Plastik sargının peynir karışımına yapışmasını önlemek için tiramisu'nun her köşesine ve ortasına 1 kürdan yerleştirin. Plastik sargıyla örtün ve 3 ila 8 saat buzdolabında saklayın. Servis yapmadan önce üzerine kakao serpin.

69. Bay Food'un tiramisu turtası

Yapar: 8 Porsiyon

İÇİNDEKİLER:
- 16 ons Krem peynir, yumuşatılmış
- ½ bardak) şeker
- ½ çay kaşığı vanilya özü
- 2 yumurta
- 6 Ladyfinger, bölünmüş
- 1 9 inç hazırlanmış graham kraker pasta kabuğu
- ½ fincan koyu siyah kahve
- 1 yemek kaşığı Brendi özü
- 1 su bardağı Dondurulmuş çırpılmış tepesi, çözülmüş
- 1 yemek kaşığı damla çikolata

TALİMATLAR:
a) Fırını 350 ° F'ye ısıtın.
b) Orta hızda elektrikli çırpıcı ile büyük bir kapta krem peynir, şeker ve vanilyayı iyice karışana kadar birleştirin.
c) Yumurtaları ekleyin ve karışana kadar karıştırın.
d) Pasta kabuğunun altındaki kedi dillerini düzenleyin

70. Şeftali brendi tiramisu

Yapar: 4 Porsiyon

İÇİNDEKİLER:
- 1 paket (8 ons) düşük kalorili krem peynir (neufchatel)
- 2 yemek kaşığı Şeftali brendi
- 1 yemek kaşığı Süt
- ½ su bardağı elenmemiş şekerleme şekeri
- ½ çay kaşığı vanilya özü
- ½ su bardağı ağır veya çırpılmış krema
- 1 paket (3 ons) kedi dili
- 3 yemek kaşığı Espresso veya koyu kahve; soğutulmuş
- 1 su bardağı doğranmış taze veya konserve şeftali; iyi drene edilmiş
- ½ su bardağı ağır veya çırpılmış krema
- 2 yemek kaşığı elenmemiş şekerleme şekeri
- 1 yemek kaşığı Şeftali brendi
- ¼ çay kaşığı vanilya özü
- Süslemek için şeftali dilimleri

TALİMATLAR:
a) Büyük bir mikser kasesinde krem peynir, brendi ve sütü karışana ve kabarana kadar çırpın. Şekerlemelerin şeker ve vanilyasını karıştırın.
b) Küçük bir mikser kasesinde kremayı sert tepeler oluşana kadar çırpın.
c) Krem peynir karışımına katlayın; kenara koymak 4. Sıra (8 ons) kedi parmaklı tatlı yemekleri, kenarları içe bölünmüş. Espresso veya kahve ile fırçalayın.
d) Krem peynir karışımının yarısını tabaklardaki kedi parmaklarının üzerine kaşıkla yayın. Üzerine şeftalileri kaşıkla. Kalan krem peynir karışımını şeftalilerin üzerine gezdirin.
e) Brendi çırpılmış krema yapın: krema, şekerleme şekeri, şeftali brendi ve vanilya özünü sert zirveler oluşana kadar çırpın. Brendi çırpılmış krema ile süsleyin.
f) En az 2 saat örtün ve soğutun. Servis yapmadan hemen önce şeftali dilimleri ile süsleyin.

71. Portakal kokulu tiramisu

Yapar: 8 porsiyon

İÇİNDEKİLER:
- 15 adet sünger parmak; 16'ya kadar
- 150 mililitre Taze sıkılmış portakal suyu
- 2 yemek kaşığı Cointreau
- 1½ çay kaşığı Doğal vanilya özü
- 1 250 gram araba ricotta; veya yarım ricotta, yarım quark kullanın
- 2 yemek kaşığı Portakal marmelatı
- 50 gram Yüksek kakao katı bitter çikolata; rendelenmiş

TALİMATLAR:
a) Sığ, dikdörtgen (30x18cm) veya oval bir fırın tepsisinin tabanına bir kat pandispanya yerleştirin. (Birkaç tanesini ikiye ayırmanız gerekebilir).
b) Portakal suyu, Cointreau ve yarım çay kaşığı vanilya özünü karıştırın. Bu karışımı her seferinde bir çorba kaşığı sünger parmakların üzerine serpin.
c) Ricotta peyniri, marmelat ve kalan vanilyayı mutfak robotunda karıştırın. Gittikçe tadın ve gerekli olduğunu düşünüyorsanız daha fazla marmelat ekleyin. Karışım pürüzsüz ve kabarık olana kadar işleyin, ardından sünger parmakların üzerine yayın.
d) Üstünü rendelenmiş çikolata ile eşit şekilde serpin ve gerekene kadar soğutun.

72. zeytin bahçesi tiramisu

Yapar: 6 Porsiyon

İÇİNDEKİLER:
- 1 10-12\" pandispanya 3\" boyunda
- 3 ons Güçlü siyah kahve veya:
- Hazır espresso
- 3 ons Brendi; rom veya en sevdiğiniz likör
- 1½ pound Krem peynir veya: mascarpone*
- 1½ su bardağı ince veya pudra şekeri
- Kakao tozu; şekersiz

TALİMATLAR:
a) Her biri yaklaşık 1 "-1-½" kalınlığında iki disk oluşturmak için pandispanyanın ortasından kesin. Kahve veya espresso ve likörü birlikte karıştırın.
b) Kekin alt yarısını, güçlü bir şekilde tatlandırmaya yetecek kadar kahve likörü karışımı serpin, ancak keki çökecek kadar doyurmayın.
c) Krem peyniri veya mascarpone'u şekerle karıştırın ve peyniri şeker tamamen eriyene ve peynir hafif ve sürülebilir hale gelene kadar çırpın.
d) Krem peynirin yarısı ile pastanın alt yarısını oldukça kalın bir tabaka halinde yayın.
e) Pastanın ikinci yarısını alt yarısına yerleştirin ve işlemi tekrarlayın ~ kahve/likör karışımını serpin ve kalan krem peynirle yayın. Kakao tozunu tel süzgecin içine alın ve krem peynirin üst katını tamamen kakao ile kaplayın.
f) Kesmeden ve servis yapmadan önce pastayı en az iki saat buzdolabında bekletin.

73. Al beni (tiramisu)

Yapar: 8 Porsiyon

İÇİNDEKİLER:
- 4 yumurta
- ¼ fincan Marsala
- ¼ su bardağı pudra şekeri
- 8 ons Mascarpone veya süzme peynir; takılırsa
- 1½ fincan koyu kahve ile tatlandırılmış; 1/2 su bardağı beyaz şeker
- 40 adet sünger parmak kurabiye (yaklaşık; 3 inç x 1 inç)
- 4 ons Yarı tatlı çikolata

TALİMATLAR:
a) Yumurtayı ve sarısını ayırın. Başka bir kapta iki beyaz ayırın.
b) Sarıları, şarabı ve şekeri birleştirin ve birlikte çırpın. Bir tencere suyu kaynama noktasının hemen altına getirin, ardından kaynamaya bırakın ve yumurta sarısı karışımını, şişmeye ve kalınlaşmaya başlayana kadar su üzerinde çırpın. (Varsa bir çift ızgara veya tencere kullanın.) Sarısı karışımını bir kenara koyun.
c) Kalan iki beyazı sert zirveler halinde çırpın ve sarılı karışıma katlayın, sonra bir kenara koyun. Peyniri bir işlemci veya karıştırıcıda sıvılaştırın ve sarısı ve beyaz karışımına katlayın. Bu aşamada tatlılığını kontrol edin ve tadına göre ayarlayın. Her kurabiyeyi kahveye batırın; iyice ıslanmasına izin verin.
d) Tabağınıza bir kurabiye tabanı yerleştirin, ardından kurabiyeleri yumurta/peynir karışımından ince bir kaplama ile yayın. Son kat yumurta/peynirinizi kullanana kadar işlemi tekrarlayın. Kenarları yumuşatmak için küçük binanızın kenarından bir bıçak geçirin. Çikolatayı rendeleyin ve kenarlarına ve üstüne serpin. Tamamen soğuyana kadar soğutun ve bir kenara koyun.

74. Hızlı Kahlua tiramisu

Yapar: 8 Porsiyon

İÇİNDEKİLER:
- 2 dilim sade kek
- 4 ons Taze demlenmiş kahve; tercihen espresso
- 2 büyük top vanilyalı dondurma
- 2 ons Kahlua
- Bitter çikolata; ızgara
- şekersiz kakao

TALİMATLAR:
a) Kek dilimlerini sığ tatlı kaselerine yerleştirin.
b) Kahve ile ıslatın. Her birini bir top dondurma ile doldurun.
c) Kahlua'yı dondurmanın üzerine dökün.
d) Rendelenmiş çikolata veya kakao serpin.

75. Ahududu ve kahve tiramisu

Yapar: 1 porsiyon

İÇİNDEKİLER:
- ½ su bardağı Çok amaçlı un
- ½ çay kaşığı İnce çekilmiş kahve
- 3 Ekstra büyük yumurta; ayrılmış, oda sıcaklığı
- 5 yemek kaşığı Şeker
- ½ çay kaşığı vanilya özü
- Toz şeker
- 3 yemek kaşığı Frambuaz
- 1 yemek kaşığı instant espresso tozu
- 2 8 ons paket krem peynir
- ⅔ su bardağı Pudra şekeri
- 6 ons sepet ahududu
- ¾ fincan Taze demlenmiş sert kahve
- 3 yemek kaşığı şeker
- Ek pudra şekeri
- Taze nane
- 1 10 ons paket dondurulmuş ahududu; çözülmüş şurup
- 2 yemek kaşığı Framboise eau-de-vie

TALİMATLAR:
Ladyfinger Turu için:
a) Fırını 350F'ye ısıtın. Parşömen ile 2 çerez kağıdını sıralayın. Küçük bir kapta un ve öğütülmüş kahve çekirdeklerini karıştırın.

b) Elektrikli karıştırıcı kullanarak, orta boy bir kapta yumurta sarısını ve 4 yemek kaşığı şekeri kalınlaşana kadar çırpın ve çırpıcılar kaldırıldığında yavaşça eriyen şeritler yaklaşık 4 dakika. Vanilyada çırpın.

c) Kuru malzemeleri karıştırın (hamur kalın olacaktır). Temiz kuru çırpıcılarla donatılmış elektrikli karıştırıcıyı kullanarak, yumurta aklarını kalın ve köpüklü olana kadar çırpın.

d) Kalan 1 çorba kaşığı şekeri ekleyin ve beyazlar sertleşene ancak kuruyana kadar çırpın. 2 eklemede yumurta sarısı karışımına katlayın.

e) Hamuru yuvarlak yemek kaşığı (yaprak başına 8 adet) ile hazırlanan yapraklara eşit aralıklarla dökün. Pudra şekerini yuvarlakların üzerine kalın bir şekilde eleyin. Yuvarlakların kenarlarında altın rengi kahverengi olana kadar yaklaşık 16 dakika pişirin. Raftaki tavada soğutun. Ladyfinger mermilerini parşömenden çıkarın.

Doldurmak için:

f) Framboise ve hazır espressoyu küçük bir kapta birleştirin. Espresso eriyene kadar karıştırın. Elektrikli karıştırıcı kullanarak krem peynir ve ⅔ su bardağı pudra şekerini hafif ve kabarık olana kadar çırpın. Kahve karışımında çırpın. 1 bardak ahududu katlayın. Oda sıcaklığında bekletin.

g) Kahve ve 3 yemek kaşığı şekeri birleştirin. Şeker eriyene kadar karıştırın. 1 kedi parmağı yuvarlak düz tarafına 1 yetersiz çorba kaşığı kahve karışımını dökün Kahve tarafı yukarı gelecek şekilde tabağa yerleştirin. Yuvarlak üzerine ⅓ fincan dolguyu yayın. Doldurma üzerine düz tarafı aşağı gelecek şekilde yerleştirin.

h) Pudra şekeri serpin. Ahududu sosunu tatlıların etrafına gezdirin. Kalan ahududu ve taze nane ile süsleyip servis yapın.

Ahududu Sosu için:

i) Ahududu ve şurubu robotta püre haline getirin. Tohumları çıkarmak için küçük bir kaseye süzün. Eau-de-vie'de karıştırın. Örtün ve soğutun.

76. Beyaz çikolatalı tiramisu

Yapar: 6 porsiyon

İÇİNDEKİLER:
- 175 gr Beyaz çikolata
- 150 gram Sütlü çikolata
- 1 150 mililitre karton krema
- 2 250 gr karton mascarpone
- 50 gram pudra şekeri
- 2 yemek kaşığı Kahve likörü
- 100 mililitre Sert sade kahve
- 18 sünger parmak
- Kakao tozu; toza

TALİMATLAR:
a) 1 Beyaz çikolatayı ısıya dayanıklı bir kaba kırın ve kaynayan su dolu bir tavada eritin. Ateşten alın ve soğumaya bırakın. Sütlü çikolatayı kabaca doğrayın.
b) 2 Kremayı yumuşak tepecikler oluşana kadar hafifçe çırpın. Mascarpone ve pudra şekerini pürüzsüz ve yumuşayana kadar karıştırın.
c) 3 Eritilmiş beyaz çikolatayı ve doğranmış sütlü çikolatayı çırpın. Kremayı yavaşça katlayın. Likörü ve kahveyi sığ bir kaseye dökün ve sünger parmakların yarısını sıvıya batırın. Bir cam servis kasesini hizalamak için kullanın.
d) 4 Sünger parmakları mascarpone karışımının yarısı ile kaplayın. Kalan sünger parmakları ve ardından kalan mascarpone karışımını ekleyin. 5 Tiramisu'yu en az bir saat soğutun. Servis için üzerine kakao serpin.

77. Çilek ile beyaz çikolata tiramisu

Yapar: 10 Porsiyon

İÇİNDEKİLER:

- ¾ fincan Büyük Marnier; yaklaşık olarak
- ⅓ su bardağı toz beyaz şeker
- 28 ons (4 paket) ladyfingers
- 12 ons Beyaz çikolata; kıyılmış
- ½ su bardağı krem şanti
- 1½ pound Hafif krem peynir
- 6 yemek kaşığı yağsız ekşi krema
- 6 yemek kaşığı toz beyaz şeker
- 2 çay kaşığı vanilya
- 3 litre Taze meyveler; temizlenmiş çilek, yaban mersini veya ahududu (dilimlenmiş çilek); bunların karışımı güzel

TALİMATLAR:

a) 10 porsiyonluk bir ölçek için 10 inçlik yay biçimli bir tava kullanın.
b) Düşük ısıda küçük ağır tencerede çırpılmış krema ile çikolatayı eritin.
c) Pürüzsüz olana kadar karıştırın. Karışımı oda sıcaklığına soğutun.
d) Bir kasede krem peyniri ekşi krema ve çikolata karışımı ile çırpın. Kenara koyun.
e) Grand Marnier'i sığ bir kaseye dökün. İlk ölçü şekeri küçük bir tabağa dökün. Bir kedi parmağını yaylı bir tavanın kenarına kadar kesin.
f) Kurabiyeyi hızlıca liköre batırın ve hafifçe kaplamak için çevirin. Bir tarafını şekere batırın. Kurabiyeyi yuvarlak tarafı üste gelecek şekilde şekerli tarafı tepsinin kenarına gelecek şekilde yerleştirin. Tava kenarlarını kaplamak için gerektiği kadar kedi dili ile tekrarlayın. Tencerenin altı için, kurabiyeleri yalnızca Grand Marnier'e batırın, şekeri atlayın. Sığacak şekilde kırpın.
g) Peynir ve çikolata karışımının yarısını tavaya dökün, üstünü düzeltin.
h) Karışık meyvelerin yarısını serpin. Meyveleri tamamen kaplayarak ve sığacak şekilde kırparak daha fazla batırılmış kedi dili koyun. Kalan peynir karışımı ile devam edin. Kalan meyvelerle en iyi tatlı. Kapak; en az 6 saat veya gece boyunca soğutun. Tava kenarlarını serbest bırakın ve pastayı servis tabağına aktarın. İsterseniz beyaz çikolata bukleler ile süsleyin.

78. Kahlua ve Grand Marnier tiramisu

Yapar: 10 Porsiyon

İÇİNDEKİLER:
- 8 yumurta sarısı
- ½ bardak) şeker
- ¾ su bardağı Şeker
- ¼ fincan Kahlua
- 15 ons Mascarpone peyniri
- ¼ fincan Rom
- 2 bardak Ağır krema; sert çırpılmış
- ¼ fincan Büyük Marnier
- 2 fincan sert kahve

TALİMATLAR:

a) Yumurta sarısını şekerle rengi açılana kadar çırpın ve çırpıcı kaldırıldığında hamur bir "şerit" oluşturur ve hamur çırpıcıdan "fırlamaz", bunun yerine bir şerit halinde kendi üzerine düşer. İyice çırparak mascarpone'u ve ardından yoğun kremayı ekleyin. Buzdolabına koyun.

b) Islatma: Kahve, şeker ve likörleri şeker eriyene kadar karıştırın. Mascarpone karışımının yarısını geniş bir kaseye dökün.

c) Her seferinde 1 kedi parmağını kahve karışımına iyice nemlenene ancak damlamayan kadar batırın. Kedi parmaklarının kahve karışımını çok fazla emmesine izin verirseniz, sıvılarını krema tabakasına akıtacak ve krema sulu olacaktır.

d) Krema tabakasının tüm yüzeyini batırılmış kedi parmaklarıyla kaplayın. Kalan mascarpone karışımını kedi parmaklarının üzerine dökün ve spatula ile düzeltin.

e) Biraz bitter çikolatayı orta/küçük parçalar halinde doğrayın ve tatlının üzerine serpin. En az 8 saat buzdolabında, gece boyunca en iyisidir. Soğuk servis yapın.

79. Noel tiramisu

Yapar: 10 porsiyon

İÇİNDEKİLER:
- 1 pound Mascarpone veya yumuşak krem Peynir
- ¾ su bardağı Şeker
- 8 büyük yumurta sarısı
- ½ bardak Tatlı şarap
- 2 fincan Expresso veya çok koyu sade kahve
- 9 ons Ladyfingers veya 14 ons. melek
- Yiyecek veya pandispanya, ince dilimlenmiş
- 1 yemek kaşığı şekersiz kakao

TALİMATLAR:
a) Küçük bir kasede, bir çatal yardımıyla peyniri krema kıvamına gelene kadar çırpın. Kenara koyun.
b) Büyük (yaklaşık 10-12 bardak kapasiteli) metal bir kabı kaynar su dolu bir tencerenin üzerine yerleştirin. Orta yüksekliğe ayarlanmış bir elektrikli el mikseri kullanarak, kasedeki şekeri ve yumurta sarısını 1 dakika veya karışım iyice karışana kadar çırpın. Sıçramayı önlemek için karıştırıcıyı düşük hızda ayarlayarak şarabı yavaş yavaş ekleyin.
c) Pişirmeye devam edin ve karışımı çırpın, karışım kalınlaştıkça hızı orta ve ardından yüksek seviyeye yükseltin. 5-7 dakika veya karışım koyulaşıp hafifleşene kadar pişirin ve çırpın, sık sık lastik bir spatula ile kasenin kenarlarını kazıyın.
d) Kâseyi ocaktan alın ve karışımı 1 dakika daha çırpmaya devam edin. Peyniri sadece karışana kadar çırpın (yaklaşık 5 bardak yapar).
e) Kaseye yatay olarak yerleştirilirse bir kedi parmağını tutacak kadar büyük olan küçük, sığ bir kaseye bir fincan espresso dökün.
f) Her kedi parmağının yuvarlak üst tarafını hızlı bir şekilde espressoya daldırın. Kedi parmaklarının sadece üst yarısı ekspreso ile ıslatılmalıdır. Kedi parmakları çok ıslanırsa dağılırlar! Gerekirse kaseye daha fazla kahve ekleyin.

g) Kedi parmaklarını düz tarafı aşağı gelecek şekilde 13 x 9 cam veya seramik bir tepsinin dibine yerleştirin. Metal tava kullanmayın. Bir katman oluşturun. Muhallebi karışımının yarısını kedi dillerinin üzerine dökün ve üzerlerini kaplayacak şekilde yayın. Kalan kedi dillerini eksprese batırın.
h) Kalan muhallebi karışımını kedi dillerinin üzerine dökün ve eşit bir tabaka olacak şekilde yayın.
i) Kakaoyu bir süzgecin içine alın ve tiramisunun üzerine eşit şekilde serpin. Örtün ve en az 10 saat soğutun.

80. Ailenin en sevdiği tiramisu

Yapar: 4 Porsiyon

İÇİNDEKİLER:
- 1 mağazadan alınmış sarı kek veya -- 1 kutu kedi dili
- 16 oz ricotta peyniri kabı ½ c artı 2 yemek kaşığı şeker ½ c ağır krema
- 8 ons yarı tatlı çikolata parçaları
- 1½ c koyu kahve
- Şekersiz kakao tozu

TALİMATLAR:
a) Orta boy bir kabı dondurucuya koyun. Pound keki ½ inç dilimler halinde kesin. İkinci bir orta boy kapta, ricottayı ½ su bardağı şekerle birleştirin.

b) Kaseyi dondurucudan çıkarın ve kremayı ekleyin ve sert tepe noktaları tutana kadar elektrikli karıştırıcı ile yüksek hızda çırpın. Kauçuk bir spatula ile çırpılmış kremayı ricotta karışımına katlayın. Çikolata parçacıklarını katlayın.

c) Derin bir cam servis kasesinin tabanını sade kek dilimleri ile hizalayın ve altını kaplamak için pastayı gerektiği gibi kesin. Kalan şekeri kahveye karıştırın. Pasta fırçasını kahveye batırın ve iyice ıslanana kadar keki sıkın.

d) Lastik bir spatula kullanarak, ricotta karışımının ¼'ünü pastanın ilk katının üzerine yavaşça yayın. Ricotta karışımının üzerine başka bir kat kek yerleştirin ve kahve ile ıslatmak için pasta fırçası kullanın.

e) Pastayı başka bir kat ricotta karışımı ile kaplayın. Ricotta katmanıyla biten her birinden 4 katman elde edene kadar tekrarlayın.

f) Örtün ve en az 4 saat soğutun. Servis yapmadan önce üzerine kakao tozu serpin.

81. Hong Kong'un tiramisu

Yapar: 8 Porsiyon

İÇİNDEKİLER:
- 12 büyük Yumurta
- ¾ su bardağı Şeker
- ½ su bardağı Un; artı 2 yemek kaşığı
- 3 yemek kaşığı mısır nişastası
- 3 ons Tereyağı, eritilmiş
- 1¼ pound Mascarpone peyniri
- ½ bardak) şeker
- 5 Ayrılmış
- 2 yemek kaşığı Kakao
- 2 yemek kaşığı Amaretto Galliano
- 2 yemek kaşığı Myer Romu
- 2 yemek kaşığı Kahlua
- ½ fincan Espresso, soğutulmuş
- Şeker şurubu

TALİMATLAR:
KEK:
a) 12 yumurta ve şekeri 15 dakika ya da kabarana kadar çırpın. Un ve mısır nişastasını birlikte eleyin.
b) Un ve mısır nişastasını yumurtalı karışıma katın ve hafifçe karıştırın. Eritilmiş tereyağına dökün ve karıştırın.
c) Yağlanmış ve hafifçe unlanmış 9" yuvarlak kek kalıbında 400F'de yaklaşık 25 dakika pişirin. Soğutun; ½" kalın dilimler halinde kesin.

MONTAJLAMA:
d) Mascarpone, ¼ su bardağı şeker ve 5 yumurta sarısını hafifçe karıştırın. Yumurta aklarını ve ¼ su bardağı şekeri 15 dakika veya kabarana kadar çırpın. Mascarpone karışımını yumurta akı karışımı ile karıştırın.
e) Tüm şurup karışımı malzemelerini birlikte karıştırın. Sünger kek şurupla tamamen ıslanana kadar dilimlenmiş pandispanyayı şurup karışımıyla fırçalayın.
f) Büyük bir cam kaseyi kek dilimleriyle hizalayın. Mascarpone karışımından biraz ekleyin.
g) Üstüne başka bir kek tabakası yerleştirin. Başka bir mascarpone tabakası ekleyin. Katmanları değiştirmeye devam edin. 1 saat buzdolabında bekletin.
h) Kakao tozu serpin.

82. Sostanza'nın tiramisu

Yapar: 12 Porsiyon

İÇİNDEKİLER:
- 17 ons Mascarpone
- 1 su bardağı toz şeker
- 2 yumurta sarısı
- 1 yemek kaşığı vanilya
- 6 yemek kaşığı Konyak veya brendi
- 2 su bardağı Krem şanti
- 5 bardak Espresso
- 1 su bardağı rendelenmiş yarı tatlı çikolata
- 2 paket şampanya bisküvi (yaklaşık 40 adet)

TALİMATLAR:
a) Mascarpone'u şeker, yumurta sarısı, vanilya ve 2 yemek kaşığı Konyak ile krema haline getirin.
b) Başka bir kapta kremayı sertleşene kadar çırpın. Mascarpone karışımını dikkatlice katlayın. Sakin ol.
c) Espresso soğuyunca kalan 4 yemek kaşığı Konyağı ekleyin.
d) 9'a 16 inçlik bir tepsi kullanarak (1 inçlik kenarları olmalıdır), ortasından yaklaşık beş inç genişliğinde çeyrek inçlik bir mascarpone kremi tabakası yayın.
e) Bisküvileri hafifçe espressoya batırın ve tavanın tamamı boyunca mascarpone karışımının üzerine sıralayın.
f) Bir spatula kullanarak, bisküvilerin üzerine yarım inçlik bir mascarpone krema tabakası yayın. Rendelenmiş çikolatanın dörtte birini serpin.
g) Son katı rendelenmiş çikolata ile kaplayarak 2 kat daha tekrarlayın.
h) Bisküvilerin her katta farklı yönlerde olması tatlının dilimleme için daha sıkı olmasını sağlayacaktır. Gece boyunca birkaç saat soğutun.

83. Yumurtasız Tiramisu

İÇİNDEKİLER:
- 1 su bardağı çırpılmış krema
- Kakao tozu, Şekersiz
- Çökmüş sindirim bisküvileri
- 2 çay kaşığı hazır kahve artı yarım bardak ılık su
- Sindirim bisküvi, pandispanya veya hanım parmakları
- süslemek için çilek

TALİMATLAR:
a) Yumuşak tepeler oluşana kadar kremanızı çırpın
b) Hazır kahvenizi ılık suya ekleyin ve karıştırın. Tatlı şarap da kullanabilirsin
c) Bisküvilerinizi kahveye batırın
d) Büyük bir kase alın ve alt kat olarak ıslatılmış bisküvilerden bir kat yerleştirin.
e) Bir kat krem şanti ve ezilmiş sindirim bisküvilerinin bir kısmı ile kaplayın
f) Bir kat şekersiz kakao tozu ile bitirin. En iyi sonuçlar için bir elek kullanın
g) Dilediğiniz kadar katman oluşturun. Kakao tabakasının son olduğundan emin olun.
h) En az 45 dakika soğutun. Servis yaparken üzerini çilekle süsleyin.

84. Marsala Tiramisu

Yapar: 6 porsiyon

İÇİNDEKİLER:
- ⅓ su bardağı Şeker
- 5 Yumurta
- ⅓ fincan Marsala
- ½ su bardağı krem şanti
- 1 kilo mascarpone peyniri
- 2 çay kaşığı limon kabuğu
- 1 fincan Espresso kahve, soğuk
- 24 Bayan parmak
- 2 ons Bittersweet çikolata, rendelenmiş

TALİMATLAR:

a) Ağır bir tencerede, orta-düşük ısıda, şeker ve yumurtaları köpürene kadar çırpın. Karışım koyulaşmaya başlayana kadar çırpmaya devam edin.

b) ¼ fincan marsala çırpın ve karışım bir kaşığın arkasını kaplayana kadar pişirmeye devam edin. Kaseye kazıyın ve ayırın.

c) Krema şeklini alana kadar çırpın. Aynı çırpıcılarla mascarpone ve limon kabuğunu karışım yumuşayana kadar çırpın. Yumurta/marsala karışımını ve çırpılmış kremayı katlayın.

d) Espresso ve kalan 2 Tb marsala'yı birleştirin. Hanım parmaklarını kahve karışımına ikişer ikişer batırın ve eşit şekilde ıslatın. 11x7 inçlik tabağın altına bir kat bayan parmak yerleştirin. Mascarpone kremasının yarısını yayın. Rendelenmiş çikolata serpin. Islatılmış bayan parmaklarından bir kat daha ekleyin.

e) Mascarpone kreması ve kalan çikolata ile süsleyin.

85. tiramisu tacı

Yapar: 1 porsiyon

İÇİNDEKİLER:
- 10 mililitre Jelatin; (2 çay kaşığı.)
- 50 gram Pudra şekeri; (2 oz)
- 40 mililitre Hazır kahve; (2 yemek kaşığı)
- 100 mililitre Tia Maria veya kahve likörü; (5 yemek kaşığı)
- 284 gram Sünger parmak
- 99'luk paketten 7 Cadbury's Flake; (7 ila 8)
- 200 gram Cadbury's Bournville çikolata
- 2 250 gr karton Mascarpone peyniri; veya sert krema
- ; peynir
- 284 mililitre Çift krema; (1/2 bira bardağı)
- 40 mililitre Cadbury's kakao; (2 yemek kaşığı)

TALİMATLAR:
a) Jelatini biraz sıcak suda eritin.
b) Şeker ve kahveyi 2 yemek kaşığı kaynar suyla karıştırın, ardından 2 yemek kaşığı likörle berrak Jelatin'e karıştırın.
c) Sünger parmaklarınızı kalan liköre batırın, ardından Flake kenar çevresinde eşit aralıklarla olacak şekilde teneke kutunun tabanını ve yanlarını yakından hizalayın.
d) Çikolatayı dikkatlice eritin. Peynir ve kahveyi birlikte çırpın, ardından krema ve soğutulmuş çikolatayı karışım koyulaşana kadar çırpmaya devam ederek çırpın; teneke içine kaşık. Ayarlanana kadar gece boyunca soğutun.
e) Bolca kakao serpin, sonra kalıptan çıkarın ve ortasında bir dekorasyon olan çekici bir tabakta servis yapın. Dilerseniz tatlının etrafına kurdele bağlayın. Dilimler halinde servis yapın.

86. tiramisu tane

Yapar: 1 Porsiyon

İÇİNDEKİLER:
- 4 bütün yumurta
- 4 yemek kaşığı Pudra (çok ince) şeker
- 26 ons Mascarpone peyniri
- 1 Şarap kadehi Marsala şarabı veya orta şeri
- 24 sıvı ons Güçlü, tatlandırılmış kahve
- 1 Şarap kadehi Scotch viski veya brendi
- 2 paket Sünger parmak
- Şekersiz kakao tozu
- 3½ ons İyi bitter çikolata

TALİMATLAR:
a) Yumurtaları ve şekeri beyazlaşıp köpürene kadar çırpma teli ile çırpın.
b) Mascarpone'u her seferinde bir kaşıkla çırpın, ardından Marsala'da çırpın. Kahve ve viski veya brendiyi sığ bir tabağa koyun.
c) Bisküvileri kısaca kahve karışımına batırın ve ardından seçtiğiniz tepsiye veya kalıba koyun. Bisküvileri boşlukları dolduracak şekilde kesin. Katman eşitlendiğinde, mascarpone karışımının yarısını yayın.
d) Bir kaplama kakao tozu üzerine eleyin ve ardından tekrarlayın.
e) En az 6 saat soğutun, ardından rendelenmiş bitter çikolata ile servis yapın.

87. Tiramisu semifreddo

Yapar: 6

İÇİNDEKİLER:
- 1 1/2 fincan (375ml) espresso, artı 1 yemek kaşığı ekstra
- 1/4 su bardağı (60ml) Frangelico
- 1/2 su bardağı (110 gr) pudra şekeri
- 4 yumurta, ayrılmış
- 2 su bardağı (500ml) yoğunlaştırılmış krema
- 1 çay kaşığı vanilya özü
- 100 gr mascarpone, oda sıcaklığında
- 1 yemek kaşığı Hollanda kakao tozu, artı toz için ekstra
- 20 savoiardi bisküvi

TALİMATLAR:

a) Küçük bir kasede espresso ve Frangelico'yu birleştirin ve bir kenara koyun.

b) Şeker ve yumurta sarısını çırpma aparatıyla donatılmış bir stand miksere koyun ve soluk ve kremsi olana kadar çırpın. Bir kaseye aktarın. Stand mikser kasesini silerek temizleyin.

c) Temiz stand mikser kasesine krema ve vanilya özü koyun ve yumuşak tepe noktalarına kadar çırpın. Mascarpone ekleyin, karışana kadar çırpın ve ayrı bir kaba aktarın.

d) Stand mikser kasesini iyice yıkayın ve kurulayın ve çırpın. Yumurta aklarını ve bir tutam tuzu kaseye koyun ve çok sert zirvelere kadar çırpın. Çırpılmış krema karışımını ve yumurta akı karışımını, sadece birleştirilene kadar yumurta sarısı karışımına yavaşça katlayın.

e) Karışımın yarısını ayrı bir kaba alın. Kakao ve ekstra 1 yemek kaşığı espressoyu karıştırın.

f) Birleştirmek için 7 cm derinliğinde 30 cm x 10 cm'lik bir ekmek tepsisini plastik sargıyla kaplayın. Savoiardinin yarısını Frangelico karışımına batırın ve tabağın tabanına yerleştirin. Espresso kreması ile süsleyin. Kalan savoiardiyi Frangelico karışımına batırın, espresso kremasının üzerine yayın ve ardından sade krema karışımını üzerine ekleyin. Plastik sargıyla örtün ve 6 saat veya katılaşana kadar dondurucuya yerleştirin.

g) Servis yapmaya hazır olduğunuzda, tiramisu'yu servis tabağına ters çevirin ve kabı ve plastik ambalajı çıkarın. Ekstra kakao serpin ve servis yapmak için dilimleyin.

88. cin misu

Yapar: 6

İÇİNDEKİLER:
- 150ml Tanglin Bal Çekirdeği Kahve Cin Likörü
- 150 gr mascarpone kreması
- 150 ml koyulaştırılmış krema
- 25 gr pudra şekeri, elenmiş
- 1 çay kaşığı vanilya ezmesi veya 1 vanilya çubuğu
- 3 Savoiardi (Lady Finger bisküvi), 2 cm'lik küpler halinde doğranmış
- 250 ml mağazadan satın alınan karamelli macadamia veya karamelli dondurma
- İnce rendelemek için 100 gr kaliteli sütlü çikolata

TALİMATLAR:
a) Mascarpone, koyulaştırılmış krema, pudra şekeri ve vanilyayı karışım birleşene ve hafifçe havalanana kadar çırpın.
b) Kıyılmış Savoiardi'yi 6 servis bardağına bölün ve her bardaktaki bisküvilerin üzerine 1 yemek kaşığı Tanglin Bal Çekirdeği Kahve Cin Likörü dökün. Her bardağı cömert bir kaşık mascarpone ile doldurun.
c) Mascarpone karışımının üzerine rendelenmiş çikolata serpin, üzerine bir kaşık dondurma koyun ve kalan mascarpone ile bardaklara eşit olarak bölerek bitirin. Servis için üzerine çikolata rendeleyin.

89. Nutellalı tiramisu

Yapar: 10

İÇİNDEKİLER:
- 225 gr Nutella
- 1 yemek kaşığı kakao tozu, artı toz haline getirmek için fazladan
- 1 su bardağı (250ml) yoğunlaştırılmış krema
- 4 yumurta, ayrılmış (biz Woolworths Macro kullandık)
- 1/2 su bardağı (110 gr) pudra şekeri
- 3 su bardağı (750 gr) mascarpone
- 2 su bardağı (500ml) sert sade kahve
- 1/2 su bardağı (125ml) fındık likörü
- 350g sünger parmak bisküvi (savoiardi)
- 100 gr fındık, kavrulmuş, ince kıyılmış

TALİMATLAR:

a) Nutella ganajı yapmak için Nutella, kakao ve 100ml kremayı bir kaseye koyun ve birleştirmek için karıştırın.

b) Mascarpone kremasını yapmak için yumurta sarılarını ve şekeri çırpma aparatına sahip bir stand miksere koyun ve 4-5 dakika veya koyulaşıp soluklaşana kadar çırpın. Mascarpone ve kalan 150 ml kremayı ekleyin ve koyulaşana ve birleştirilene kadar çırpın. Bir kaseye aktarın ve bir kenara koyun.

c) Stand mikser kasesini ve çırpıcıyı temizleyin ve iyice kurulayın. Yumurta aklarını ekleyin ve sert tepe noktalarına kadar çırpın. 2 parti halinde, yumurta akını mascarpone karışımına yavaşça katlayın, ardından 1 saat veya sertleşene kadar soğutun.

d) Tiramisu hazırlamak için kahve ve fındık likörünü sığ bir tabakta birleştirin. 2 L'lik (8 fincanlık) bir tabağın tabanını kaplayacak kadar bisküviyi kahve karışımına batırın. Bisküvilerin üzerini fındığın yarısı ile kaplayın, ardından Nutella ganajın yarısını bir palet bıçağı kullanarak eşit şekilde yayın. Mascarpone kremasının yarısını üstüne koyun ve eşit şekilde yayın. Kalan bisküvi, fındık ve Nutella ganajı ile tekrarlayın.

e) Pipetli üst katman için, kalan mascarpone kremasını 1,6 cm'lik düz uç takılmış bir krema torbasına aktarın.

f) Tiramisu üzerine 2 cm yuvarlak sıkın. Hafifçe ayarlamak için 2 saat veya gece boyunca soğutun. Servis için ekstra kakao serpin.

90. Mango ve macadamia tiramisu

Yapar: 8

İÇİNDEKİLER:
- 1/2 su bardağı (110 gr) pudra şekeri
- 3 yumurta
- 2 çay kaşığı vanilya fasulyesi ezmesi
- 375 gr mascarpone, oda sıcaklığında
- 2 x 200ml Bulla Çift Kişilik Krem, oda sıcaklığında
- 1/2 su bardağı (125ml) macadamia likörü, brendi veya rom
- 1 su bardağı (250ml) mango suyu
- 300 gr savoiardi bisküvi
- 3 mango, eti doğranmış
- 150g macadamias, kızartılmış ve doğranmış

TALİMATLAR:

a) Şeker, yumurta ve vanilyayı, kaynayan su dolu bir tencerenin üzerine yerleştirilmiş ısıya dayanıklı bir kapta, kabın suya değmediğinden emin olarak birleştirin. Elektrikli el çırpıcıları kullanarak 8 dakika veya karışım kalın ve solgun olana kadar çırpın. Ateşten alın ve tamamen soğuması için bir kenara koyun.

b) Yumurta karışımına mascarpone ve Bulla Double Cream ekleyin ve koyulaşıp birleşene kadar yaklaşık 30 saniye çırpın. Portakal suyu ve likörü bir kasede birleştirin ve bir kenara koyun.

c) Her seferinde bir savoiardi bisküvi ile çalışarak, hızlıca likör karışımına batırın ve 22 cm (2 L kapasiteli) kare bir tabağın tabanına yerleştirin. Tam bir bisküvi tabakası oluşturmak için tekrarlayın, ardından krema karışımının yarısı, mangonun yarısı ve macadamiaların yarısı ile doldurun. 2 kat oluşturmak için batırılmış bisküviler, krema, mango ve macadamia ile katmanları tekrarlayın.

d) Buzdolabına koyun ve en iyi sonuç için en az 3 saat veya gece boyunca buzdolabında bekletin.

91. Tiramisu buzlu şeker

Yapar: 10

İÇİNDEKİLER:
- 2 yemek kaşığı pirinç maltı şurubu
- 2 çay kaşığı hazır kahve
- 2 yemek kaşığı Hollanda kakao tozu
- 500 gr koyu Yunan usulü yoğurt
- 125ml koyulaştırılmış krema
- 1/2 su bardağı (110 gr) pudra şekeri
- AMARETTO CRUNCH
- 150g glütensiz sindirim veya Anzak bisküvisi, doğranmış
- 1/3 su bardağı (55g) badem, kavrulmuş, doğranmış
- 1 su bardağı (220 gr) pudra şekeri
- 1/3 su bardağı (80ml) amaretto likörü

TALİMATLAR:

a) Pirinç maltı şurubu, kahve, kakao ve 1/4 fincan (60ml) kaynar suyu bir sürahide birleştirin. Birleştirmek için çırpın, ardından tamamen soğuması için bir kenara koyun. Yoğurt, krema ve şekeri geniş bir kapta birleştirin. Birleştirmek için karıştırın, ardından 10 dakika veya şeker eriyene kadar bir kenara koyun.

b) Her bir buzlu direk kalıbına 1 tatlı kaşığı kahve karışımı koyun, ardından yoğurt karışımının yarısını kalıplara paylaştırın. Üzerine 1 yk kahve karışımını ekleyin, ardından kalan yoğurt karışımını ekleyin. Dalgalandırmak için bir şiş kullanın, ardından üst kısımları folyo ile sıkıca sabitleyin. Küçük, keskin bir bıçak kullanarak, her buzlu direğin ortasındaki folyoya küçük bir delik açın ve bir paddle-pop çubuğu yerleştirin. Gece boyunca veya donana kadar dondurun.

c) Amaretto kırıntısı için, pişirme kağıdı serili fırın tepsisine glutensiz bisküvi ve bademleri yayın. Orta ateşte küçük bir tencereye şeker, amaretto ve 1 yemek kaşığı su koyun. Şeker eriyene kadar 3-4 dakika karıştırarak pişirin. Karıştırmadan 10 dakika veya altın rengi olana ve şurup bir şeker termometresinde 180°C'ye ulaşana kadar kaynatın.

d) Şekerlemeyi bisküvilerin üzerine dökün ve sertleşmesi için 10 dakika bekletin. Ellerinizi kullanarak, bisküvi şekerlemesini parçalayın ve bir mutfak robotuna koyun. İnce bir kırıntıya çırpın.

e) Buzlu dondurmaları kalıplardan çıkarın ve bisküvi kırıntısı ile servis yapın.

İÇECEKLER

92. Tiramisu Marshmallow Shake

Yapar: 2

İÇİNDEKİLER:
- 5 ons Tentür
- 4 büyük top vanilyalı dondurma
- ½ fincan moka
- krem şanti
- çikolata şurubu
- Üzerine serpmek için kakao tozu
- Bir avuç kızarmış marshmallow

TALİMATLAR:

a) Tentür, dondurma ve mokayı pürüzsüz olana kadar bir karıştırma kabında birleştirin.
b) Uzun bir bardağa dökün, krem şanti, çikolata şurubu ve kakao tozu ile doldurun ve üzerine kakao tozu serpin.
c) Marshmallow ile süsleyin.

93. **Hindistan Cevizli Tiramisu Shake**

Yapar: 1

İÇİNDEKİLER:
- 5 ons badem sütü
- 3 yemek kaşığı Hindistan cevizi kreması
- 2 ons espresso veya çok sert kahve
- toz çikolata

TALİMATLAR:

a) Bir karıştırıcıda, 2 ons espressoyu 5 ons badem sütü ile birleştirin.

b) Karışık karışım ve hindistancevizi kreması ile yaklaşık ⅓ dolu uzun bir bardağı doldurun ve ardından bir tutam çikolata ve daha fazla harmanlanmış karışımla kaplayın.

94. tiramisu martini

Yapar: 1 Kokteyl

İÇİNDEKİLER:
- buz
- 1 ons Baileys İrlanda Kreması
- 1 ons Kahlua
- 1 ons votka
- krema veya süt sıçraması
- Süslemek için çikolata şurubu

TALİMATLAR:
a) Martini bardağının iç kısmında girdap şeklinde çikolata şurubu gezdirin.
b) Kokteyl çalkalayıcı kullanıyorsanız buz, Baileys, Kahlua, votka ve krema ekleyin.
c) Karışana kadar çalkalayın. Ardından hazırlanan bardağa süzün.

95. Buzlu Tiramisu Latte

Yapar: 2 latte

İÇİNDEKİLER:
LATTE İÇİN
- 1 fincan Taze demlenmiş kahve, küpler halinde dondurulmuş
- 1½ su bardağı Tam Yağlı Süt Badem Sütü veya Soya Sütü
- 2 çay kaşığı Kahlua Likörü Kahve Likörü
- 1 yemek kaşığı çikolata şurubu
- 1½ yemek kaşığı Bal

garnitürler
- Mascarpone kreması
- Çikolata şurubu veya ezilmiş kurabiyeler

TALİMATLAR:

a) Kahveli buz küpleri yapmak için, taze demlenmiş oda sıcaklığındaki kahveyi buz küpü tepsilerinize dökün ve dondurun.

b) Dondurulmuş Buz Küpleri

96. Tiramisu Rom Kokteyli

Yapar: 1

İÇİNDEKİLER:
- 1 ½ ons Cold Brew Kahve Likörü
- 1 ons Rom
- ¼ ons tarçın Şurubu
- ½ ons Aquavit
- Garnitür: çırpılmış krema ve kakao tozu

TALİMATLAR:

a) Tüm malzemeleri buzlu bir kokteyl çalkalayıcıya ekleyin ve kuvvetlice çalkalayın.
b) Bir coupe bardağa süzün ve üzerini çırpılmış krema şamandırası ile doldurun.
c) Kakao tozu ile süsleyin.

97. Cookie Crumble ile Tiramisu Smoothie

Yapar: 1

İÇİNDEKİLER:
- ½ fincan soğutulmuş kahve veya soğuk demleme
- ilave ½ fincan kahve
- 1 donmuş muz
- ¾ su bardağı süt içermeyen yoğurt, sade veya vanilya
- ¾ su bardağı buharda pişirilmiş, ardından donmuş karnabahar parçaları
- 1 yemek kaşığı kakao tozu
- 1 çay kaşığı saf vanilya özü
- 1 porsiyon vegan vanilya protein tozu

TALİMATLAR:
a) Kahveyi yüksek hızlı bir karıştırıcıya ekleyin, ardından malzemelerin geri kalanını ekleyin.
b) Düşük hızda karıştırmaya başlayın, ardından hızı yavaşça artırın, pürüzsüz ve kremsi olana kadar kısaca yüksek hızda karıştırın.
c) Bir bardağa dökün ve tadını çıkarın.

98. Tiramisu Muzlu Smoothie

Yapar: 1

İÇİNDEKİLER:
TEMEL
- ½ fincan espresso soğutulmuş
- ¼ bardak hindistan cevizi suyu
- 2 yemek kaşığı ham kakao tozu
- ½ dondurulmuş muz soyulmuş
- 2 yemek kaşığı badem unu
- 1 çay kaşığı organik hindistan cevizi şekeri
- 2-3 Medjool çekirdeksiz hurma
- 1 çay kaşığı saf vanilya özü
- isteğe bağlı 1 çay kaşığı maca
- İsteğe bağlı 1 çay kaşığı mesquite
- tutam deniz tuzu

KREM
- ¾ su bardağı bir gece önceden ıslatılmış macadamia
- ½ su bardağı hindistan cevizi suyu

TALİMATLAR:
a) Tüm Temel MALZEMELERİ birleştirin: önce bir karıştırıcıda. Yüksek hızda karıştırın. Bardağa dökün.
b) Blender ve macadamiaları durulayın.
c) Krema MALZEMELERİ: Pürüzsüz ve kremsi olana kadar karıştırın ve bardağınızdaki Taban katmanının üzerine dökün.

99. Sıcak Tiramisu İçeceği

Yapar: 4

İÇİNDEKİLER:
- 1/4 su bardağı mascarpone peyniri
- 2 yemek kaşığı ağır krema
- 3/4 su bardağı süt
- 1 yemek kaşığı şekersiz kakao tozu
- 1/4 fincan sade kahve
- 1 yemek kaşığı akçaağaç şurubu
- süslemek için krem şanti
- süslemek için hazır kahve
- Üzerini süslemek için 1 yemek kaşığı damla çikolata

TALİMATLAR:
a) Orta boy bir tencerede mascarpone peyniri ve ağır kremayı birlikte çırpın. Sütü ekleyin ve düşük ila orta ateşte ısıtın, iyice ısınana ve tamamen pürüzsüz olana kadar sık sık karıştırın.

b) Şekersiz kakao tozunu karışıma ekleyin ve tekrar 5 dakika veya kakao tamamen eriyene kadar karıştırın.

c) Her servis fincanına sıcak kahve dökün - kahve fincanın sadece alt çeyreğini doldurmalıdır.

d) Çikolata/peynir karışımını kahvenin üzerine dökün. Akçaağaç şurubu ekleyin ve tamamen karışana kadar karıştırın.

e) Krem şanti, biraz akçaağaç şurubu, bir tutam kahve, biraz kakao tozu ve birkaç damla çikolata ile süsleyin.

f) Hemen servis yapın, özgünlük için, yanında bir hanım parmağı ile servis yapın.

100. Tiramisu kreması

Yapar: 2 porsiyon

İÇİNDEKİLER:
- 1,25 ons Vanilya
- Mascorpone peyniri
- 0,25 ons kremalı kakao
- 1 ons soğuk demlenmiş kahve
- bitter çikolata
- kahve çekirdekleri

TALİMATLAR
a) Karıştırma kabına krem şanti hariç tüm malzemeleri ekleyin ve 30-45 saniye karıştırın.
b) Soğutulmuş bir İrlanda Kahvesi bardağına süzün.
c) Mascarpone krem şanti ile süsleyin.
d) Kokteylin ortasında traşlanmış bitter çikolata ve bir kahve çekirdeği ile süsleyin.

ÇÖZÜM

Sonuç olarak, Tiramisu Hazineleri Yemek Kitabımız, lezzetli Tiramisu tariflerinden oluşan gerçek bir hazinedir. Aralarından seçim yapabileceğiniz 100 tarif ve her yemeğe eşlik edecek büyüleyici fotoğraflarla bu yemek kitabı, her Tiramisu sever için mükemmel.

İster tecrübeli bir şef olun, ister mutfakta yeni başlayan biri olun, bu yemek kitabındaki tarifleri takip etmenin kolay olduğunu ve tutarlı bir şekilde lezzetli sonuçlar verdiğini göreceksiniz. Peki, ne bekliyorsun? Tiramisu Treasures Yemek Kitabımızı bugün koleksiyonunuza ekleyin ve İtalya'nın tatlı tatlarının tadını çıkarmaya başlayın.

Ingram Content Group UK Ltd.
Milton Keynes UK
UKHW050857040623
422772UK00008B/17